Tucholsky Wagner Zola Scott Sydow Freud Schlegel
Turgenev Wallace Fonatne

Twain Walther von der Vogelweide Fouqué Friedrich II. von Preußen
Weber Freiligrath Frey
Fechner Fichte Weiße Rose von Fallersleben Kant Ernst Frommel
Richthofen
Hölderlin
Fehrs Engels Fielding Eichendorff Tacitus Dumas
Faber Flaubert Eliasberg Ebner Eschenbach
Feuerbach Maximilian I. von Habsburg Fock Zweig
Ewald Eliot Vergil
Goethe Elisabeth von Österreich London
Mendelssohn Balzac Shakespeare Dostojewski Ganghofer
Trackl Lichtenberg Rathenau Doyle Gjellerup
Stevenson Hambruch
Mommsen Tolstoi Lenz Droste-Hülshoff
Thoma Hanrieder
Dach Verne von Arnim Hägele Hauff Humboldt
Reuter
Karrillon Rousseau Hagen Hauptmann Gautier
Garschin
Damaschke Defoe Hebbel Baudelaire
Descartes Hegel Kussmaul Herder
Wolfram von Eschenbach Schopenhauer
Bronner Darwin Dickens Grimm Jerome Rilke George
Melville Bebel
Campe Horváth Aristoteles Proust
Bismarck Vigny Barlach Voltaire Federer Herodot
Gengenbach Heine
Storm Casanova Tersteegen Gilm Grillparzer Georgy
Chamberlain Lessing Langbein Gryphius
Brentano Lafontaine
Strachwitz Claudius Schiller Kralik Iffland Sokrates
Bellamy Schilling
Katharina II. von Rußland Gerstäcker Raabe Gibbon Tschechow
Löns Hesse Hoffmann Gogol Wilde Gleim Vulpius
Luther Heym Hofmannsthal Klee Hölty Morgenstern
Roth Heyse Klopstock Goedicke
Luxemburg Puschkin Homer Kleist
La Roche Horaz Mörike Musil
Machiavelli
Navarra Aurel Musset Kierkegaard Kraft Kraus
Nestroy Marie de France Lamprecht Kind Kirchhoff Hugo Moltke
Laotse Ipsen Liebknecht
Nietzsche Nansen Ringelnatz
Marx Lassalle Gorki Klett
von Ossietzky May vom Stein Lawrence Leibniz
Petalozzi Irving
Platon Knigge
Sachs Poe Pückler Michelangelo Kock Kafka
Liebermann Korolenko
de Sade Praetorius Mistral Zetkin

Der Verlag tredition aus Hamburg veröffentlicht in der Reihe **TREDITION CLASSICS** Werke aus mehr als zwei Jahrtausenden. Diese waren zu einem Großteil vergriffen oder nur noch antiquarisch erhältlich.

Symbolfigur für **TREDITION CLASSICS** ist Johannes Gutenberg (1400 — 1468), der Erfinder des Buchdrucks mit Metalllettern und der Druckerpresse.

Mit der Buchreihe **TREDITION CLASSICS** verfolgt tredition das Ziel, tausende Klassiker der Weltliteratur verschiedener Sprachen wieder als gedruckte Bücher aufzulegen – und das weltweit!

Die Buchreihe dient zur Bewahrung der Literatur und Förderung der Kultur. Sie trägt so dazu bei, dass viele tausend Werke nicht in Vergessenheit geraten.

Sokratische Gespräche aus Xenofons denkwürdigen Nachrichten von Sokrates

Ausgewählt und übersetzt von Christoph Martin Wieland

Xenophon

Impressum

Autor: Xenophon
Übersetzung: Christoph Martin Wieland
Umschlagkonzept: toepferschumann, Berlin

Verlag: tradition GmbH, Hamburg
ISBN: 978-3-8472-6519-1
Printed in Germany

Ziel der TREDITION CLASSICS ist es, tausende deutsch- und
fremdsprachige Klassiker wieder in Buchform verfügbar zu
machen. Die Werke wurden eingescannt und digitalisiert. Dadurch
können etwaige Fehler nicht komplett ausgeschlossen werden.
Unsere Kooperationspartner und wir von tradition versuchen, die
Werke bestmöglich zu bearbeiten. Sollten Sie trotzdem einen Fehler
finden, bitten wir diesen zu entschuldigen. Die Rechtschreibung der
Originalausgabe wurde unverändert übernommen. Daher können
sich hinsichtlich der Schreibweise Widersprüche zu der heutigen
Rechtschreibung ergeben.

An den Leser.

Ich berge nicht, daß ein Seitenblick auf die *Wolken* des Aristofanes mich bestimmt hat, einige der interessantesten Gespräche des *Sokrates* aus *Xenofons* Sokratischen Denkwürdigkeiten auszuheben und in diesem IIIten B. des Attisch. Mus. auf meine Uebersetzung der Wolken folgen zu lassen. Ich setze voraus, was unter den Gelehrten ziemlich ausgemacht scheint, daß man die dem Sokrates eigene Manier zu *filosofieren* und zu *konvergieren* aus Xenofons *Apomnemoneumen* zuverläßiger als aus Platons Dialogen kennen lerne; wiewohl ich nicht zweifle, daß auch Xenofon uns öfters mehr den *Geist* als die *Worte* seines Meisters gegeben, und nicht selten, theils unvorsetzlich theils wissentlich, von dem Seinigen dazu gethan habe.

Meine *Art zu übersetzen* ist bekannt. Sie hat ihr Gutes und Böses, wie alle menschlichen Dinge, und zwar so, daß jenes ohne dieses nicht zu erhalten ist. Ich bleibe aber bey ihr, weil ich überzeugt bin, daß sie, *für mich* wenigstens, die beste ist; auch wünsche ich von *meinen* Uebersetzern nicht anders behandelt zu werden, als wie ich den Horaz, Lucian und Aristofanes behandelt habe, und nun auch den Xenofon behandeln werde. Ich umschreibe zuweilen, wo andere sich knapper ans Original halten, und wo andere umschreiben, übersetze ich oft so wörtlich als es die Sprache nur immer erlauben will; beydes weder aus Eigensinn oder Laune, noch der Bequemlichkeit wegen, sondern weil ich es so für recht halte. Ich könnte für jede Periode, jede Zeile, jedes gewählte Wort meine Gründe angeben, und es würde, schon bey einem einzigen der folgenden Gespräche, ein dickes Buch daraus werden, das mir niemand zu schreiben zumuthen wird, wie ich Niemandem zumuthen möchte es zu lesen, – wiewohl es am Ende doch für Anfänger, und selbst für manche Beurtheiler, nicht ganz ohne Nutzen sein dürfte. Die zwey Hauptregeln, die ich immer zu beobachten suche, sind: 1) Mich nie von den Worten, und Redensarten, den Stellungen und Wendungen, dem Periodenbau und dem Rhythmus meines Autors καδδυναμιν zu entfernen, als *wo* und *so weit* es mir entweder die Verschiedenheit der Sprachen, oder mein *letzter Zweck*, – von dem Sinn und Geist einer Stelle nichts, oder doch so wenig als möglich, bey meinen Lesern verlohren gehen zu lassen – zur unumgänglichen Pflicht macht; aber auch 2) so oft dies letztere der Fall ist, oder mir zu seyn scheint, (denn wer ist in seinem Urtheil, zumahl wo es oft aufs bloße *Gefühl* ankommt, unfehlbar?) mir nicht das geringste Bedenken daraus zu machen, wenn ich auch eine oder zwey Zeilen nöthig haben sollte um das zu sagen, was der Grieche oder Römer mit zwey oder drey Worten gesagt hat. Warum ich übrigens weder *deutschgriechisch* noch *griechischdeutsch* schreibe, bedarf hoffentlich keiner Rechtfertigung.

Soviel von der Uebersetzung. Ueber die folgenden Dialogen selbst, (besonders in Rücksicht auf die geistige Hebammenkunst, auf welche Sokrates sich soviel zu Gute that) halte ich meine Gedanken noch zurück; theils weil ich gewöhnlich gern zuletzt votiere, theils weil ich es für recht und billig halte, daß dem Leser sein Urtheil frey gelassen werde. Nur möchte ich denen, die mit Sokrates und Xenofon nicht schon von langem her in genauer Bekanntschaft stehen, rathen, mit ihrem *Endurtheil* so lang' als möglich zurückzuhalten.

W.

1.
Sokrates,

Aristippos.[1] von allem Uebermaß in sinnlichen
Genüssen und Befriedigung natürlicher Triebe
abzuhalten, und dagegen zur Nüchternheit, zur
Thätigkeit, und zum Ausdauren unter allen Arten
von Beschwerlichkeiten, denen man im Leben durch
Noth oder Pflicht unterworfen werden kann,
anzugewöhnen sich beflissen habe. Da er wußte (so
fährt Xenofon fort) daß einer von denen, die sich zu
ihm hielten, in diesem Punkt (nemlich im Hang zur
Ueppigkeit, und in der Abgeneigtheit sich irgend eine
sinnliche Befriedigung zu versagen) wenig Gewalt
über sich selbst habe, legte er ihm einst diese Frage
vor, – und nun folgt die vorstehende Unterredung
mit *Aristipp*, die, wie man sieht, durch diese kleine
Vorrede Xenofons auf eine dem guten Aristipp eben
nicht sehr rühmliche Art herbeygeführt wird. Auch in
dem Gespräch selbst läßt Xenofon seinen Meister
dem jungen Mann einige sehr harte Dinge sagen. Die
Versicherung des *Diogenes* von Laerte, daß Xenofon
dem Aristipp nicht günstig gewesen sey, möchte also

---

[1] Xenofon, der uns dieses Gespräch zu Anfang des zweyten Buchs seiner
Sokratischen Denkwürdigkeiten mittheilt, führt es als ein Beyspiel auf, wie
Sokrates diejenige, die sich vor andern zu ihm hielten und durch ihn besser zu
werden wünschten, Τους συνοντας. Sokrates machte nie den Lehrer von
Profession, was man damals σοφιστευειν nannte; er hatte also auch, im
gewöhnlichsten Sinne der Worts, keine Schüler, oder Lehrlinge; und dies ist eben
der Grund, warum Xenofon das Wort συνειναι gebraucht, um das Verhältniß
zwischen Sokrates und den, die seinen Umgang vorzüglich suchten, zu
bezeichnen. Es ist daher immer noch besser gethan, συνοντες durch Freunde als
durch Schüler zu geben, wiewohl nicht alle, die von seinem Umgang zu
profitiren suchten, seine Freunde in der engern Bedeutung des Wortes waren.

wohl ihren guten Grund gehabt haben, wiewohl er hierin bloß gemeine Sache mit den übrigen Sokratikern machte; daß er aber (wie der besagte Kompilator vorgiebt) diesen Diskurs gegen die Wollust dem Sokrates blos aus Haß gegen Aristipp *beygelegt*, d. i. *angedichtet* habe, scheint mir ohne Grund zu seyn, oder bedürfte wenigstens eines stärkern Beweises. Ob ich nun gleich keine Ursache sehe, zu zweifeln, daß dieses Gespräch, dem Hauptinhalt nach, zwischen Sokrates und Aristipp wirklich vorgefallen sey, so ist mir doch eben so wenig zweifelhaft, daß Xenofon sich, wenigstens in einzelnen Stellen, die Freyheit genommen von dem seinigen hinzuzuthun und den Sokrates so reden zu lassen, wie er glaubte, daß es seiner Denkart und seinem Karakter am gemäßesten sey; und da könnte dann wohl die persönliche Abneigung gegen Aristipp nicht ohne allen Einfluß auf den Ton des Gesprächs überhaupt und besonders auf einige auffallende Stellen, die im folgenden bemerkt werden sollen, geblieben seyn.

Sokrates. Sage mir, Aristipp, wenn dir ein paar junge Leute übergeben würden, um den einen zum *regieren*, den andern so, daß er weder *Lust* noch *Vermögen* zum regieren habe, zu erziehen, – wie wolltest du es anstellen? – Machen wir, wenn dirs recht ist, gleich mit der Nahrung als dem unentbehrlichsten, den Anfang.

Aristippos.*(lächelnd)* Die Nahrung möchte allerdings, da man ihrer zum Leben nicht wohl entbehren kann, der erste Punkt seyn.

Sokrates. Ohne Zweifel werden unsre beyden Zöglinge um Essenszeit zu Tische gehen wollen?

Aristippos. Man sollt' es denken.

Sokrates. Nun könnte aber gerade um diese Zeit ein dringendes Geschäfte abzuthun seyn: welchen von beyden wollten wir so gewöhnen, daß er lieber die Befriedigung seines Magens aufschieben möchte, als ein nöthiges Geschäft?

Aristippos. Freylich wohl den ersten, der zum Regieren erzogen werden soll, wenn wir nicht Gefahr laufen wollen, daß die Staatsgeschäfte unter seiner Regierung ungethan bleiben.

Sokrates. In diesem Fall hat es wohl mit dem Trinken dieselbe Bewandtniß? Er wird sich auch gewöhnen müssen, Durst leiden zu können?

Aristippos. Keine Frage!

Sokrates. Und wie ist es mit dem Schlafe? Welchen von beyden wollen wir so erziehen, daß er spät zu Bette gehen, früh aufstehen, und, wenn's nöthig ist, die ganze Nacht wach bleiben könne?

Aristippos. Immer noch den ersten, versteht sich.

Sokrates. Und der Afrodisischen Befriedigungen[2] sich enthalten zu können, um auch von diesen sich nicht an pflichtmäßigen Geschäften verhindern zu lassen?

Aristippos. Eben denselben.

---

[2] Das Wort Liebe sollte, däucht mich nie so sehr mißbraucht und herabgewürdiget werden, um καθ' υποκρισμον die von den Griechen mit dem Worte αφροδισια bezeichnete, oft sehr unsittliche Befriedigung eines Triebes zu verschleiern, für welchen, sobald er von dem reinen Zweck der Natur getrennt wird, keine Sprache ein anständiges Wort hat. Da der Name Afrodite, für Venus, allen deutschen Lesern bekannt ist, so däucht mich, es geschehe durch den Ausdruck Afrodisische Befriedigungen (αφροδισια, res venereae) der Pflicht, sich dem Leser verständlich zu machen, ein hinlängliches Genüge, und es werde zugleich die höhere Pflicht beobachtet, ungleichartige Dinge nicht mit einander zu vermengen, und einem Worte, das den schönsten und edelsten Affekt der menschlichen Seele zu bezeichnen bestimmt ist, durch einen, obgleich wohlgemeinten, Mißbrauch eine so leicht vermeidliche Zweydeutigkeit zuzuziehen. Ein ausländisches Wort, in so fern es nur verständlich genug und überhaupt so beschaffen ist, daß es unter gesitteten Menschen gehört werden kann, dünkt mich hiezu immer das schicklichste.

Sokrates. Ferner, keine Arbeiten noch Beschwerlichkeiten zu scheuen, sondern sie vielmehr freiwillig zu übernehmen, welchen von beyden wollen wir dazu anhalten?

Aristippos. Unläugbar den, der zum Regieren gebildet werden soll.

Sokrates. Und überhaupt alles zu lernen, was man wissen und können muß, um über seine Gegner Meister zu werden, welcher wird dessen wohl am meisten bedürfen?

Aristippos. Freylich der künftige Staatsmann; denn ohne diese Kenntnisse und Geschicklichkeiten würde ihm alles übrige zu nichts helfen.

Sokrates. Dünkt dich nicht, einer der so erzogen ist, werde von seinen Gegnern nicht so leicht gefangen werden können, wie andre Thiere? Denn unter diesen giebt es einige, die ihr Magen so kirre macht, daß sie, ihrer natürlichen Schüchternheit ungeachtet, dem Reiz der Lockspeise nicht widerstehen können, und dadurch gefangen werden; andere, denen man durch (betäubende) Getränke nachstellt; noch andere, wie z. B. die Wachteln und Repphühner, die, sobald sie von der Stimme eines Weibchens gelockt werden, in brünstiger Begierde herbey geflogen kommen, und, über der gehofften Lust alle Gefahr vergessend, sich ins Netz des Vogelstellers stürzen.

Aristippos. Dagegen ist nichts zu sagen.

Sokrates. Dünkt dich nicht auch, es gereiche einem Menschen zur Schande, sich von einem blinden Trieb wie die unverständigsten Thiere überwältigen zu lassen? Die Ehebrecher, zum Beyspiel, wissen, indem sie andern ins Gehege gehen, recht gut, daß sie Gefahr laufen, in die Strafe des Gesetzes zu fallen, und was für schreckliche und schmähliche Mißhandlungen ihrer warten, wenn sie ertappt werden; und doch ist weder Schaden noch Schande vermögend, den Ehebrecher zurückzuhalten, daß er sich nicht blindlings in die größte Gefahr stürze, um einen Trieb zu befriedigen, zu dessen Stillung ihm so viele gefahrlose Wege offen stehen. Muß ein solcher Mensch nicht ganz und gar von einem bösen Dämon besessen seyn?[3] und also (nach der Pythagorischen Angabe der *Horen* des menschlichen Lebens) noch ein *ADOLESCENTULUS*, dem, bey seinen ohnehin nicht allzustrengen Grundsätzen, zu Athen (wo die Frauen zum Theil *noch* laxere Grundsätze hatten als er, und sich auf die Verführungskunst meisterlich verstanden) leicht etwas menschliches begegnen konnte. Hr. *Weiske* meint zwar, »wenn Aristipp des gerügten Verbrechens verdächtig gewesen wäre, so hätte Sokrates *unklug* gehandelt, itzt, da er den jungen Mann gewinnen wollte, dawider zu *deklamiren*,« und dies ist ihm, wie es scheint, ein neuer Grund, diese Stelle für unächt zu halten. Aber Sokrates könnte ja auch Nachricht gehabt haben, daß irgend eine athenische *Kalonike* oder *Lampito* ihr Netz nach ihm stelle, und ihn durch diesen gele-

---

[3] Hr. Weiske (ein geschickter Lehrer an der berühmten Schulpforte, aus welcher so manche der vorzüglichsten Schriftsteller, Dichter und Filologen unsers Jahrhunderts hervorgegangen sind) der i. J. 1795. eine sehr brauchbare Uebersetzung der Xenofontischen Apomnemoneumaten, mit schätzbaren Sacherläuterungen und kritischen Anmerkungen (bey C. Fritsch in Leipzig) herausgegeben hat, ist, so viel ich weiß, der erste, der die Bemerkung gemacht, daß Sokrates hier nicht nur »auf einmahl aus seiner natürlichen Sprache, durch einen plötzlich entstandenen Unwillen gegen die Ehebrecher, in einen rednerischen Ton fällt, sondern sich auch von seinem vorgesteckten Ziel entfernt,« indem dieser pathetische Ausfall gegen die Ehebrecher in der That, wie jedem Leser (wenigstens nach dieser Erinnerung) in die Augen fallen muß, ein Auswuchs ist, der die schöne Symmetrie der ganzen Komposizion verunstaltet. Er hält daher für sehr wahrscheinlich, daß die ganze Stelle von ωσπερ οι μοιχοι (die Ehebrecher zum Beyspiel) bis zu Ende der Rede ein fremder Zusatz sey. Dies möchte ich ihm gleichwohl ohne die größte Noth nicht zugeben, – es wäre denn, wenn er hätte sagen wollen, daß Xenofon der Urheber desselben gewesen sey, welches aber seine Meynung keineswegs zu seyn scheint. Mich dünkt ich sehe hier zwey Auswege, den Text, wie er ist, zu retten. Aristipp war um die Zeit, daß dieser Dialog gehalten seyn mochte, wahrscheinlich nicht älter als höchstens fünf und zwanzig Jahre Sokrates starb im ersten Jahre der 95sten Olympiade, und Aristipp, dessen Geburts- und Todesjahr unbekannt sind) lebte noch im 2ten Jahr der 109ten Olympiade (also noch über 60 Jahre nach dem Tode des Sokrates) zu Athen, wohin er sich kurz vor der Deportazion des jüngern Dionysios nach Korinth, vom Hofe des letztern zurückgezogen hatte. Die feinen und mäßigen Wollüstlinge (deren Aristipp einer war) werden zwar gewöhnlich sehr alt; aber 80 bis 90. Jahre sind auch ein ganz hübsches Alter; und Aristipp müßte wenigstens 84. alt worden seyn, wenn er im Todesjahr des Sokrates 25 Jahre gelebt hätte. Da aber Hoffilosofen von 80. Jahren zu allen Zeiten seltene Vögel waren, so bin ich geneigter zu glauben, daß Aristipp, als er mit dem alten Sokrates lebte, wenig über 20 Jahre alt gewesen seyn dürfte.

genheitlichen Ausfall nur habe *warnen* wollen. Auch muß ich gestehen, daß ich in der Rede, die dem S. hier in den Mund gelegt wird, zwar einen, der Sache angemessenen und bis zum Eifer gehenden Ernst, aber keine *Deklamazion* sehen kann, und im Gegentheil nicht wohl begreife, wie er, um einen seine Person und sein Vergnügen liebenden Jüngling abzuschrecken, *weniger* hätte thun, oder die Strenge seiner ohnehin nicht auf das Kantische Sittengesetz sich stützenden Moral gefälliger hätte mildern können, als indem er ihm eine *PARABILEM VENEREM FACILEMQUE* wenigstens CONNI-VENDO zu erlauben scheint.

Mein zweyter Ausweg ist: anzunehmen, daß die angefochtene Stelle zwar nicht von Sokrates, aber doch von Xenofon herrühre, und dabey vorauszusetzen, daß seine aus Verschiedenheit der Denkart, Sitten und Lebensweise leicht erklärte, und mit Verachtung vermischte Abneigungen gegen den *Filosofen für die Welt,*

QUEM OMNIS DECUIT COLOR ET STATUS ET RES,

sich in die Darstellung eines ehmals wirklich zwischen ihm und ihrem gemeinschaftlichen ehrwürdigen Freund vorgefallenen Gesprächs gemischt habe. Der Unterschied zwischen Xenofon, der beynahe in allen Lagen und Verhältnissen des öffentlichen und Privatlebens das Sokratische Ideal eines καλου και αγαθου praktisch darstellte, und Aristipp, der sich eine eigene, nur für ihn selbst und wenige, QUOS AEQUUS AMAVIT JUPITER, passende *Filosofie der Grazien* gemacht hatte, war zu groß, als daß der erste (der überdieß um zwanzig Jahre wenigstens älter war) den andern in einem freundlichem Lichte hätte sehen, geschweige gar *mit Schonung* hätte behandeln können, wenn sich ihm eine so gute Gelegenheit, wie hier, anbot, die Denkart und Lebensweise Aristipps mit der Sokratischen in einen recht auffallenden Kontrast zu setzen. – In der Uebersetzung der letzten Worte ουκ ηδη τουτο πανταπασι κακοδαιμονωντος εστιν; habe ich den ganzen Nachdruck des Hauptworts auszudrücken gesucht, und hierin den eleganten französischen Uebersetzer der *Memorabilien, Levesque,* zum Vorgänger gehabt – L'ON DIROIT QU'ILS Y SONT POUSSÉS PAR UN MAU-VAIS GENIE.

Aristippos. So dünkt michs.

Sokrates. Da die unentbehrlichsten Geschäfte der Menschen größtentheils unter freyem Himmel verrichtet werden müssen, wie z. B. der Kriegsdienst, der Ackerbau, und eine Menge anderer Arbeiten und Beschäftigungen des gemeinen Lebens, dünkt dich nicht, es sey eine sehr große Nachlässigkeit, daß so Wenige sich üben, ihren Körper gegen Frost und Hitze abzuhärten?

Aristippos. Allerdings.

Sokrates. Ein künftiger Regent oder Befehlshaber wird also auch zu *dieser* Art von Uebung angehalten werden müssen?

Aristippos. O ganz gewiß muß er das.

Sokrates. Wenn wir denn also darüber einig sind, daß nur solche, die in allen besagten Dingen eine völlige Gewalt über sich selbst erlangt haben, für regierungsfähig zu achten sind, werden wir nicht alle, die es *nicht so weit* gebracht, mit denen, die an Staatsverwaltung ganz und gar keinen Anspruch machen, noch zu machen haben, in Eine Klasse stellen müssen?

Aristippos. Unstreitig.

Sokrates. Nun dann, mein lieber Aristipp, da du beyde Klassen so gut zu stellen weißt, hast du auch schon überlegt, in welche von beyden du dich selbst füglich stellen könnest?

Aristippos. Wenn das alles *mir* gelten soll, Sokrates, so muß ich dir sagen, daß ich weit entfernt bin, an einen Platz unter denen, die es aufs regieren angelegt haben, Anspruch zu machen. Offenherzig zu reden, ich hege keine große Meinung von dem Verstand eines Menschen, der an der Sorge sich selbst das Nöthige zu verschaffen, wiewohl sie ihm alle Hände voll zu thun giebt, nicht genug hat, sondern sich auch noch mit der Verpflichtung beladet, für die Bedürfnisse der übrigen Staatsbewohner zu sorgen. Ist es nicht die größte Thorheit, um andrer Leute willen sich selbst so manchen Genuß, wozu man Lust hätte, zu entziehen, und da man mit aller Mühe und Arbeit gleichwohl nicht immer alle Wünsche des Publikums befriedigen kann, zu riskieren, daß einem am Ende noch der Prozeß deswegen gemacht wird? Denn, es ist nun einmal nicht anders, das Volk glaubt von seinen Obern alles fordern zu können, was unser einer seinen Sklaven zumuthet. Ich verlange von meinen Leuten, dafür zu sorgen, daß ich mit allem was ich brauche immer reichlich versehen sey, aber daß sie selbst nichts davon anrühren; und gerade so macht es das Volk in Republiken mit seinen Vorstehern; *ihm* sollen sie alles schaffen was sein Herz gelüstet, aber *sie* sollen immer reine Hände haben. Meine Meinung von der Sache ist also diese: Wem es darum zu thun ist, recht viel Sorge und Plackerey zu haben, und sich und andern immer was zu thun zu machen, der mag sich dem Staat widmen, und den wollen wir, auf besagte Weise, zum regieren erziehen lassen; ich für meinen Theil stelle mich unter die, welche ihr Leben so gemächlich und angenehm als möglich zuzubringen wünschen.

Sokrates. Nun so wollen wir, wenn's dir gefällig ist, untersuchen, wer *angenehmer* lebt, die Regierenden, oder die Regierten?

Aristippos. Recht gern.

Sokrates. Gehen wir einmal die bekanntesten Völker durch. In Asien z. B. regieren die *Perser*; die *Syrier*, *Phrygier* und *Lydier* hingegen werden regiert; in Europa regieren die *Skythen*, und die *Mäoten* sind ihnen unterthan; in Lybien (Afrika) regieren die *Karchedonier* (Karthager) und die Libyer müssen sich von ihnen beherrschen lassen. Welche von diesen leben nun, deiner Meinung nach, angenehmer? Oder, weil du doch auch zu den Griechen gehörst, welche unter den griechischen Völkern scheinen dir angenehmer zu leben, die regierenden, oder die regierten?

Aristippos. Das kann *mir* gleich viel seyn. Ich, für meine Person, bin Niemandem dienstbar. Mich dünkt, es giebt zwischen beyden noch einen Mittelweg, der weder durch Herrschaft noch Dienstbarkeit, sondern durch Freyheit gerade zur Glückseligkeit führt, und das ist der, den ich zu gehn versuche.

Sokrates. Nun freylich wohl, wenn er, so wie er weder durch die Herrschaft noch die Dienstbarkeit geht, auch nicht *durch die Menschen* gienge, möchtest du recht haben; da du aber unter Menschen lebst, und doch weder selbst regieren, noch regiert seyn willst, so wirst du, denke ich, bald genug erfahren, daß die Mächtigen es immer in ihrer Gewalt haben, den Schwächern, sowohl in Masse als einzeln, das Leben sauer zu machen und sie dahin zu bringen, daß sie ihnen dienstbar seyn müssen. Oder weißt du nicht, wie wenig Bedenken die Stärkern sich im Kriege darüber machten, die Früchte zu schneiden die der Schwächere gesäet, und die Bäume umzuhauen die er gepflanzt hat, kurz, wie sie ihn, wenn er sich nicht im Guten unterwerfen will, von allen Seiten so lange zu ängstigen wissen, bis sie ihm begreiflich gemacht haben, er thue besser zu dienen, als mit Stärkern als *er* ist in ofner Fehde zu leben? Und wie könnte dir unbekannt seyn, daß es auch im bürgerlichen Leben nicht anders hergeht, und daß, wer Muth und Vermögen hat, immer Mittel findet den Furchtsamen und Unmächtigen unter sich zu bringen und Vortheil von ihm zu ziehen?

Aristippos. Dafür hab' ich ein gutes Mittel. Eben darum, damit es mir nicht so ergehen könne, schließe ich mich in keinen besondern Staat ein, sondern lebe allenthalben als ein Ausländer.

Sokrates. Das gesteh ich! Da hast du dir eine feine List ausgedacht! Freylich, seitdem *Sinnis* und *Skeiron* und *Prokrustes* todt sind, ist ein Fremder bey uns auf der Landstraße so ziemlich vor ihres gleichen sicher. Indessen sehen wir doch, daß selbst diejenigen, die in ihrem eignen Vaterlande die Ersten im Staate sind, mit allen Vortheilen, die sie vor andern voraus haben, es doch nicht dahin bringen können, sich gegen Beeinträchtigungen sicher zu stellen. Sie lassen es zwar in dieser Absicht an Gesetzen nicht fehlen; sie bewerben sich, außer ihren Geschlechts- und Blutsverwandten, noch um andere Freunde, um einen Anhang zu haben, auf dessen Beystand sie sich im Nothfall verlassen können; sie befestigen ihre Städte, schaffen Vorräthe von Waffen herbey, um auf den Fall eines Angriffs im Vertheidigungsstande zu seyn, und setzen sich über dies noch in auswärtige Verbindungen; – und mit allen diesen Anstalten und Vorkehrungen zu ihrer Sicherheit, sind sie dennoch nicht vor Beleidigung gedeckt. Und du, der du von dem allen nichts hast, einen großen Theil deines Lebens auf den Landstraßen, wo man denn doch noch immer mancherley Beleidigungen ausgesetzt ist, zubringst, und in allen Städten, die du durchwanderst, immer weniger als der geringste Bürger zu bedeuten hast, also gerade so einer bist, über den böse Buben sich am liebsten her machen: *du* bildest dir ein, vor Beleidigungen sicher zu seyn, weil du ein Fremder bist? Worauf gründest du diese Zuversicht? Etwa darauf, weil dir in allen Städten, wenn du ankommst und wenn du wieder weiter ziehst, öffentliche Sicherheit zugesagt wird? Oder vielleicht auch, weil du denkst, niemand werde eben viel dabey zu gewinnen glauben, wenn er dich zum Sklaven bekäme?[4] Und in der That, wer möchte einen Menschen gern in seinem Hause haben, der nichts arbeiten wollte und dem nur das köstlichste gut genug wäre? – Wahr ists indessen, daß Hausherren, die solche Sklaven haben, eben nicht sehr verlegen sind, wie sie sich mit ihnen helfen sollen. Den Kitzel vertreiben sie ihnen durch Hunger; damit sie nichts stehlen können, wird alles sorgfältig vor ihnen verschlossen; davon zu laufen, verbietet man ihnen durch Fußschellen, und gegen die Faulheit sind Schläge ein bewährtes Mittel. Oder wie hältst *du* es mit deinen Sklaven, wenn du einen dieses Gelichters unter ihnen entdeckest?

Aristippos. Ich züchtige ihn ohne Barmherzigkeit so lang und so viel, bis er seine Schuldigkeit thut. Aber, erlaube mir zu fragen, Sokrates, worin sind die jungen Leute, die zu jener *königlichen Kunst* erzogen werden, in welche du mir die höchste Glückseligkeit zu setzen scheinest, von denen verschieden, die aus Noth elend leben müssen, wenn sie freywillig hungern und dürsten, frieren und den Schlaf sich entziehen? Ich für meinen Theil sehe nicht worin der Unterschied liegen soll, ob das nehmliche Fell freywillig oder unfreywillig durchgegerbt wird, oder ob überhaupt eben derselbe Leib alle diese Peinigungen willig oder gezwungenerweise aushalten muß. Man muß wahnsinnig seyn, um den *Willen* zu haben sich selbst zu peinigen.

---

[4] Ich weiß nicht ob man einem Menschen, der etwas besser als der unterste unter allen ist, etwas härteres und zugleich gröberes sagen kann, als was Xenofon den Sokrates hier dem armen Aristipp ins Gesicht sagen läßt. – Beynahe sollte man denken, Sokrates habe ihm das zuvorerwähnte Privilegium eines Bürgers (zumal eines Athenischen) sich alles gegen einen Fremden zu erlauben, sogleich in einer kleinen Probe fühlbar machen wollen; und Aristipp erscheint, durch die gute Art, wie er diese attische Urbanität, aus Ehrerbietung, von dem alten Sokrates erträgt (vermuthlich gegen Xenofons Absicht) in einem vortheilhaften Lichte. – Das Beleidigende dieses Kompliments wird durch den ironischen Ton der ganzen Rede, und der Frage: oder wie machst es du? noch salzigter und sogar bitter. So viel kann doch wohl Sokrates sich über Aristipp, der nicht etwa ein armer Schlucker, sondern ein Fremder von gutem Hause und Vermögen war, nicht herausgenommen haben, wenn er ihn im Ernste gewinnen wollte? Auch diese Stelle wird also auf Xenofons Rechnung kommen müssen, und der Behauptung des Diogenes zu keinem sehr starken Belege, oder doch wenigstens zu keinem Beyspiel, wie schonend Xenofon den Aristipp behandelt habe, dienen können.

Sokrates. Wie, Aristipp? du siehst hier keinen Unterschied? Er fällt doch, dächte ich, stark genug in die Augen. Wer aus freyem Willen *hungert*, kann auch *essen* wenn er will; das ist aber nicht der Fall bey dem Gezwungenen. Ueberdies versüßt sich der erste die gegenwärtige Unlust durch die Hofnung, wie die Jäger der gehofften Beute wegen sich allen Beschwerlichkeiten der Jagd mit Vergnügen unterziehen. Gleichwohl ist der Preis, womit der Jäger sich für seine Mühe belohnt hält, etwas sehr unbedeutendes: Aber wer sich keine Anstrengung dauern läßt um die Freundschaft edler Menschen zu gewinnen, oder um ein braver Kriegsmann und Heerführer zu werden, oder überhaupt seine Leibes- und Gemüthskräfte so zu üben, daß er tüchtig werde seinem Hause wohl vorzustehen, seinen Freunden nützlich zu seyn, und sich um sein Vaterland verdient zu machen: siehst du nicht, daß schon die Mühe selbst, die er sich geben muß, um zu dem allen zu gelangen, ihr Vergnügen mit sich führt, und daß ein fröhliches Gemüth, der Beyfall seines eigenen Herzens und die Hochachtung und Zuneigung anderer Menschen eine reiche Belohnung seiner Arbeiten und Aufopferungen sind? Noch mehr: Leichte, blos zur Kurzweil vorgenommene Beschäftigungen und Genüsse die mit keiner Mühe erkauft werden, können weder dem Körper eine harte und gesunde Beschaffenheit zuwege bringen, wie die Meister der *Gymnastik* behaupten, noch die Seele mit irgend einer schätzbaren Kenntniß bereichern: angestrengte und ausdaurende Bemühungen hingegen verschaffen uns den Genuß des Besten und führen zu großen und preiswürdigen Dingen. So sagt schon *Hesiodos* irgendwo:

> Zu der *Untugend* ists leicht auch Schaarenweise zu kommen,
> Breit und glatt ist der Weg, und nur zu nahe ihr Wohnsitz;
> Aber auf steile, mit saurem Schweiß nur erklimmbare Höhen
> Haben die Götter die *Tugend* gesetzt, langwierig und rauh ist
> Anfangs der Weg zu ihr; doch ist erstiegen der Gipfel,
> Dann ist er leicht und freundlich zu gehn, so schwierig er erst war.

Auch bezeugt es der Dichter *Epicharmos*, da er sagt:

> – für Müh und Arbeit
> Verkaufen uns die Götter alles Gute.

Und an einem andern Orte:

> Du suchst das Glück im Schoos der Weichlichkeit,
> Betrogener, Scham und Reue wirst du finden.

Auch der berühmte *Prodikos* erklärt sich in der Schrift vom Herkules, die er öfters vorzulesen pflegt, über die *Tugend* auf eben diese Weise, und zwar, so viel ich mich erinnern kann, folgendermaßen.[5]

---

[5] Diese dem Prodikos zugeschriebene allegorische Erzählung von der Wahl des Herkules ist unstreitig eines der schönsten Ueberbleibsel des Alterthums und in ihrer Art eben so schätzbar als die vorzüglichsten Werke der Bildnerkunst, die aus jenem goldnen Alter der Musenkünste, wo so viele Schöpfer schöner Werke aller Gattungen in einem Jahrhundert sich zusammenfanden, unsre Zeit erreicht haben. Wie allgemein sie gefallen haben müsse, beweisen schon allein die häufigen Nachahmungen, deren Hr. P. Schneider in seiner vortreflichen Ausgabe der Xenof. Memorabilien nicht weniger als zwölf unter Griechen und Römern nennt, und denen leicht eine eben so große Anzahl von Neuern beygefügt werden könnte; die aber alle hinter Lucians, dem Original selbst den Vorzug streitig machendem, Traume weit zurückbleiben. Uebrigens ist unter den Gelehrten, so viel ich weiß, ausgemacht, daß in dieser Erzählung, so wie sie uns hier von Xenofon mitgetheilt ist, dem ersten Erfinder schwerlich mehr als Komposizion und Zeichnung angehöre. – In mehr als Einer Rücksicht lesenswürdig ist Shaftesburys Idee eines historischen Gemähldes von der Wahl des Herkules, die den 7ten Traktat seiner sogenannten CHARACTERISTICS OF MEN, MANNERS, OPINIONS AND TIMES ausmacht.

Als Herkules das Alter erreicht hatte, wo der Knabe sich in den angehenden Jüngling verliert, und junge Leute, indem sie ihre eigenen Herren zu seyn anfangen, zu erkennen geben, ob sie in ihrem künftigen Leben den Weg der Tugend oder den entgegengesetzten gehen werden, zog er sich einstmals, noch unentschlossen welchen von beyden Wegen er einschlagen wolle, an einen stillen einsamen Ort zurück, um der Sache ernstlich nachzudenken. Da däuchte ihn, als sehe er auf einmal zwey Frauenspersonen von mehr als gewöhnlicher Größe auf ihn zukommen: die eine von edler Gestalt und Gesichtsbildung, voll Würde und Anstand, ihre Farbe frisch und rein, ihr Auge ernst und züchtig, ihre Stellung und Gebehrde sittsam, ihr Anzug glänzend weiß; die andere hingegen zeichnete sich durch die aufgedunsene Fleischigkeit und mürbe Zartheit aus, die von überflüssiger Nahrung und allzuweichlicher Lebensart erzeugt zu werden pflegen; von ihrer natürlichen Farbe ließ die künstliche Weiße und Röthe, die sie der Schminke schuldig war, wenig oder nichts errathen; sie trug sich so, daß sie höher und gerader schien als sie von Natur war; ihre weitofnen Augen schossen mit einer Freyheit, die an Frechheit grenzte, hin und her, und bey ihrem Anzug hatte sie dafür gesorgt, daß ihre Reitze dadurch vielmehr ins vortheilhafteste Licht gesetzt als verdeckt und verdunkelt werden möchten. Ihre immer unstäten und beschäftigten Blicke irrten bald mit sichtbarer Selbstgefälligkeit auf ihrer eignen Person herum, bald flogen sie umher, und suchten ob sie auch von andern beobachtet werde; ja nicht selten sah sie sich sogar nach ihrem eignen Schatten um.

Wie die beyden Frauen dem jungen Herkules näher kamen, blieb die erste bey ihrem gewöhnlichen Schritt; aber die andere, um ihr zuvorzukommen, lief gerade auf den Jüngling zu, und redete ihn folgendermaßen an. Ich sehe, lieber Herkules, daß du noch unentschlossen bist, welchen Weg im Leben du gehen wollest. Wähle *mich* zu deiner Freundin, und ich will dich auf den anmuthigsten und gemächlichsten Weg führen; kein Vergnügen soll dir ungenossen entgehen, alles hingegen was Mühe, Beschwerlichkeit und Schmerz heißt, in deinem ganzen Leben dir unbekannt bleiben. Vor allem also wirst du dich weder mit dem Kriege noch mit andern Geschäften bemengen müssen. Deine einzige Sorge wird seyn, die leckerhaftesten Schüsseln und die köstlichsten Getränke ausfindig zu machen, dich zu fragen was du am liebsten sehen und hören möchtest; was jedem deiner Sinne den angenehmsten Kitzel gewähren könne; dich wenn du der Liebe zu pflegen Lust hast, nach den Schönsten und Reitzendsten umzusehen, auf Schwanenfellen und Rosen zu schlafen, und dir alle diese Genüsse mit der allerwenigsten Mühe zu verschaffen. Sollte dir jemals einfallen, die Quellen, aus welchen dir das alles zufließen wird, möchten abnehmen oder endlich gar versiegen: so fürchte nicht daß ich es je so weit mit dir kommen lassen werde, daß du, um diese Lebensart fortsetzen zu können, dich irgend einer mühseligen Leibes- oder Geistesarbeit unterziehen müßtest. Nein! Andere werden für dich arbeiten, und *du* sollst die Früchte ihrer Arbeit genießen. Weise nichts von der Hand und scheue dich vor Nichts, das dir Gewinn bringen kann: Denn auf allen Seiten von allem auf alle mögliche Weise Vortheil zu ziehen, dazu gebe ich meinen Freunden unbedingte Gewalt.

Hier hörte sie auf zu reden und nun erkundigte sich der junge Herkules nach ihrem Namen. Meine Freunde, sagte sie, nennen mich *Eudämonia*; aber die mir übel wollen, geben mir, um mich zu verkleinern, den Namen *Wollust*.[6]

---

[6] Das griechische Wort ist Κακια, für welches ich kein völlig gleichbedeutendes deutsches kenne; denn ein solches müßte eben so verschiedene in unsrer Sprache gebräuchliche Bedeutungen haben, als Κακια bey den Griechen hatte. Xenofon oder Prodikos wählte es vermuthlich aus Rücksicht auf die Κακοτης> des Hesiodus. Die erste und eigentlichste Bedeutung dieses Wortes, ist Untauglichkeit, Unbrauchbarkeit; daher auch, Feigheit, weil ein feiger Mensch im Krieg, der Hauptbeschäftigung der alten freyen Griechen unbrauchbar ist; auch, in einer weitern Bedeutung die Schlechtigkeit eines übelerzogenen, ungebildeten, niederträchtigen Menschen aus dem untersten Pöbel; in der weitesten das Gegentheil der αρετη (Tugend), in so fern die Griechen unter Arete alle Eigenschaften und Fertigkeiten begriffen, wodurch ein Mensch sich andern Menschen, besonders seinem Vaterlande, nützlich machen und sich selbst Ehre und Ruhm erwerben kann; welches auch, nahezu, die erste Bedeutung der Wörter, VIRTUS bey den Römern, und Tugend bey den Deutschen, war. In dieser Rücksicht stand ich eine Weile an, ob ich Κακια durch Untugend, oder, wie es bisher in allen Sprachen, in welche dieses poetische Filosofema übersetzt worden, am gewöhnlichsten war, durch Wollust geben sollte. Ich habe mich endlich für das letztere bestimmt, weil mir die üblichste Bedeutung dieses Wortes der Idee, welche Prodikos oder Xenofon sowohl durch die Schilderung der Person, des Kostums und des ganzen Betragens der Kakia, als durch die

Inzwischen war auch die andere Frau herbeygekommen, und nahm itzt das Wort. Auch mich, o Herkules, sprach sie, führt eine wohlwollende Neigung zu dir; denn ich kenne deine Erzeuger, und habe deine Sinnesart von Kindheit an beobachtet. Dies läßt mich hoffen, du werdest, wenn du *meinen* Weg erwählst, große und preißwürdige Thaten zu Stande bringen, deren Glanz auch auf *mich* zurückfallen, und mich den Menschen, wegen alles Guten, so sie von dir empfangen, lieber und ehrwürdiger machen werden. Ich will dich nicht mit Vorspiegelungen eines Lebens voller Wonne hintergehen; sondern was die unwandelbare Ordnung der Götter ist, davon sollst du treulich und wahrhaft von mir berichtet werden. Von allem was Gut und Schön ist, theilen die Unsterblichen den Menschen Nichts ohne Arbeit und Bemühung zu. Willst du daß die Götter dir gnädig seyn, so mußt du ihnen den schuldigen Dienst erweisen. Willst du von Freunden geliebt seyn, so mußt du dich deinen Freunden nützlich machen; willst du von irgend einer Stadt geehrt seyn, so mußt du ihrem Gemeinwesen gute Dienste leisten; wünschest du in der ganzen Hellas den Ruhm eines treflichen Mannes zu erhalten, so mußt du dein möglichstes thun, dich um die ganze Hellas verdient zu machen. Verlangst du, daß die Erde dir reichliche Früchte trage, so mußt du sie tüchtig bauen; willst du durch Viehzucht reicher werden, so mußt du deiner Heerden fleissig warten; oder willst du durch den Krieg emporkommen, und dich in den Stand setzen deine Freunde zu schützen und die Feinde zu überwältigen, so mußt du dich zuvor der Kriegskünste unter geschickten Meistern mit Eifer befleißigen, und dann erst noch durch viele Uebung lernen, wie sie gehörig anzuwenden sind; und sogar die großen Leibeskräfte, womit die Natur dich begabt hat, würden dir wenig helfen, wenn du nicht durch gymnastische Uebungen mit Anstrengung und Schweiß sie geschickt zu gebrauchen gelernt und deinen Körper der Seele zu gehorchen angewöhnt hättest.

Hier (sagt Prodikos) fiel ihr die *Wollust* in die Rede, und sagte: Du siehest, lieber Herkules, was für einen langen und mühseligen Umweg zum Lebensgenuß dieses Weib dir vorzeichnet: da ich hingegen dich auf dem bequemsten und kürzesten Weg zum glück-

---

Reden, die er ihr in den Mund legt, in uns erregt, besser als jenes oder irgend ein anderes zu entsprechen schien.

lichsten Leben führe. Elende, versetzte ihr die *Tugend*, wie darfst du von Glückseligkeit reden, und wie wenig muß das, was du gut und angenehm nennst, diesen Namen verdienen, da du es nicht einmal der Mühe werth hältst, etwas dafür zu thun? Wie solltest du auch wissen können was wahres Vergnügen ist, da du den Reiz des Bedürfnisses nie erwartest, sondern dich mit Speisen anfüllst bevor dich hungert, und trinkst ohne zu dürsten? Damit du mit einiger Lust essen könnest, muß die Kochkunst alle ihre Erfindungen erschöpfen; um mit Vergnügen zu trinken, mußt du dir die theuersten Weine anschaffen und mitten im Sommer nach Schnee herumlaufen; und um schlafen zu können, nicht nur die weichsten Madratzen und Decken, sondern noch kostbare und zierlich gearbeitete Bettstellen nöthig haben, und diesen sogar noch Tapeten unterlegen; denn du gehst nie schlafen, um vom Arbeiten auszuruhen, sondern weil du vor Langweile sonst nichts anzufangen weißt. Die Afrodisischen Vergnügungen erzwingst du, ohne Bedürfnisse durch alle Arten von künstlichen Reitzmitteln, und mit den Männern nicht zufrieden, machst du dir sogar welche aus deinem eigenen Geschlecht. Was für Ehre hast du davon, daß du der Unsterblichen eine bist? Die Götter haben dich aus ihrer Gesellschaft ausgestoßen, und allen guten Menschen bist du verächtlich. Das süßeste was man hören kann, hat dein Ohr nie gehört; denn wann hörtest du dich jemahls *loben*? Das angenehmste, was die Augen sehen können, hast du nie gesehen; denn wo sahest du jemahls ein großes oder schönes Werk, das du zu Stande gebracht hättest? Wer hat dir jemahls geglaubt, wenn du etwas bezeugst? Wer nimmt sich deiner an, wenn du in Mangel geräthst? Oder welcher Mensch, der bey Verstand ist, könnte sich entschließen dein Gefolge zu vermehren, wenn er sieht, was es für ein Ende mit ihnen nimmt. In den besten Jahren des Lebens schon unvermögend (weil sie ihre Kräfte in Trägheit und Ausschweifungen verzehrt haben) sind sie blödsinnig und stumpf in den Jahren, deren eigenthümlicher Vorzug Besonnenheit und Weisheit seyn sollte. Während ihrer Jugend in Müßiggang und Ueppigkeit aufgefüttert und fett gemacht, bringen sie ihr Alter in Kummer und schmutziger Dürftigkeit hin, beschämt von der Erinnerung dessen was sie ehmals thaten, zu Boden gedrückt von dem was sie itzt zu thun genöthigt sind; Thoren die im Frühling des Lebens alle Arten von Vergnügungen nicht schnell genug durchlaufen können, und alles Beschwerliche für den Winter aufsparen.

Ich aber lebe mit Göttern und guten Menschen, und keine schöne That, kein preiswürdiges Werk weder von Göttern noch Menschen vollbracht, kommt ohne mich zu Stande. Auch werd' ich von Göttern und Menschen über alles hoch gehalten. An mir findet der Künstler und Handwerksmann eine erwünschte Mitarbeiterin, der Hausherr eine getreue Haushälterin, die Dienstboten eine freundliche Gehülfin. Im Frieden und im Kriege gleich unentbehrlich, fördre ich in jenem alle gemeinnützlichen Arbeiten, und bin in diesem die zuverläßigste Streitgenossin; und keine Freundschaft ist dauerhaft, die ich nicht gestiftet habe.

Auch fehlt es meinen Freunden so wenig an *Vergnügungen*, daß vielmehr ihnen allein der reine Genuß derselben zu Theil wird. Da sie dem Ruf des Bedürfnisses nie zuvorkommen, so haben sie, um mit Vergnügen zu essen und zu trinken, weder großer Zurüstungen noch vieles Aufwandes nöthig. Ihr Schlaf ist viel süßer als wenn sie ihn nicht durch Arbeit gewonnen hätten; aber sie wehklagen nicht, wenn sie sich ihm entreißen müssen, und verabsäumen nichts nöthiges um seinetwillen. In ihrer Jugend haben sie die Freude sich von den Alten loben zu hören, im Alter ists ihnen angenehm von der Jugend geehrt zu werden. Mit Vergnügen erinnern sie sich dessen, was sie ehmahls gethan haben, und mit Vergnügen ist alles, was sie gegenwärtig thun, begleitet. Wie könnt' es ihnen auch an Vergnügen fehlen, da sie um meinetwillen begünstigt von den Göttern, geliebt von ihren Freunden, geehrt in ihrem Vaterlande sind? Und ist endlich das Ziel gekommen, das einem jedem gesetzt ist, so liegen sie nicht ruhmlos und vergessen im Grabe, sondern gepriesen und besungen von der Nachwelt, blühen sie immer und ewig im Andenken guter Menschen fort. Dies, o Herkules, zu erstreben ist deiner edlen Abstammung würdig, und diese hohe allein wünschenswerthe *Eudämonie* wird der Preis deiner Anstrengungen seyn.

So weit der Unterricht, welchen Prodikos die Tugend dem jungen Herkules ertheilen läßt. Es versteht sich, daß ich dir nur den Inhalt seines Werks und den Sinn der Reden mitgetheilt habe; denn an die Pracht und Schönheit seines Ausdrucks mache ich keinen Anspruch. – Dir, lieber Aristipp, kann es einen reichen Stoff zu nützlichen Betrachtungen geben; denn du würdest auf alle Fälle wohlthun, wenn du einmahl einen Versuch machtest, über den Zweck und die Einrichtung deines künftigen Lebens nachzudenken.

2.
Sokrates und Antifon.[7]

Antifon. Ich glaubte sonst immer, wer filosofiere müsse glücklicher dadurch werden: aber bey dir, mein guter Sokrates, zeigt sich das Gegentheil; dir scheint die Weisheit ziemlich übel zu bekommen. Du lebst auf einem Fuß, daß, wenn ein Herr seine Knechte nicht besser halten wollte, kein einziger es bey ihm ausdauern würde. Du issest und trinkst das schlechteste was zu finden ist; dein kurzer Mantel da, ist nicht nur so armselig als möglich, er macht sogar deine ganze Garderobe aus, und im Winter wie im Sommer behilfst du dich ohne Unterkleid und gehst baarfuß.[8] Geld einneh-

---

[7] Wer dieser Antifon, oder welcher von den vielen Antifonen, welche Johnsius und Fabriz aus den Alten zusammengesucht haben, er gewesen sey, kann uns, da es nichts dazu hilft seine Konversazion mit dem Sokrates verständlicher zu machen, völlig gleichgültig seyn. Indessen ist kein Zweifel, daß es ein Sofist dieses Namens war, wiewohl er unter den berühmten Sofisten dieser Zeit nicht genannt zu werden pflegt.

[8] Αχιτων. Gewöhnlich trugen damals Leute, die nur einigermaßen wohlhabend waren, außer einer Art von kurzem Hemde, υπενδυτης (interula) ein Unterkleid, welches Chiton hieß, und über demselben eine Art von Oberkleid, oder Mantel, Himation genannt, welcher nach Beschaffenheit der Umstände, länger oder kürzer, faltiger oder enger war, und in letzterm Falle, zumahl wenn es schon ziemlich abgetragen war, auch Tribon hieß, von welcher Art das Himation des guten Sokrates zu seyn scheint. Küster führt zwar (NOT. AD ARISTOPH. NUBES 103.) mehrere Beyspiele an, daß auch andere Ehrenmänner, als König Agesilaos, Focion, der Redner Lykurg, u. m. öffentlich ohne Chiton und Schuhe erschienen seyen; aber das waren zufällige Ausnahmen, die für den, der in diesen Zeiten immer so erschien, nicht mehr beweisen, als daß eine Zeit war, wo alle Bewohner Griechenlands bloß Schaf- und Ziegenfelle um die Schultern hangen hatten. Uebrigens ist diese Stelle bemerkenswerth, weil sie zum Beweise dient, daß Aristofanes in seiner Darstellung des Kostums und der äußerlichen Lebensweise seines FilosofenIN NUBIBUS nichts übertrieben hat, und daß im Grunde nicht Antisthenes sondern Sokrates selbst das wahre Haupt und Urbild der sogenannten Cyniker war, welche, eben darum weil sie seinen Grundsatz von der Gottähnlichkeit dessen, der am wenigsten bedarf zur κυρια δοξα ihrer Lebensweisheit machten, und in der Ausübung sich pünktlich an sein Beyspiel hielten, als die eigentlichen Sokratiker von der striktesten Observanz anzusehen sind, und gewissermaßen zu den übrigen filosofischen Sekten, die den Sokrates auch zum Vater haben wollten, sich verhielten, wie die Kapuziner zu den verschiedenen Zweigen der weitläufigen Familie des heiligen Vaters Franz von

men ist sonst jedermann etwas willkommenes, weil es uns die Mittel verschafft desto anständiger und angenehmer zu leben: du allein hast kein Geld einzunehmen, und nimmst keines wenn es dir angeboten wird. Wahrhaftig, wenn du, was bey allen andern Lehrmeistern der Fall ist, deine Zöglinge dahin bringen kannst, daß sie es auch so machen wie du, so kannst du dich keklich für den größten Meister in der Kunst ein armer Teufel zu seyn,[9] ausgeben.

Sokrates.*Du*, Antifon, würdest also, wie ich merke, lieber sterben wollen als leben wie *ich*, so traurig und jämmerlich kommt dir meine Art zu leben vor? Laß dann sehen, was du so unerträgliches an ihr findest! – Etwa *das*, daß wenn andere, welche Geld für ihren Unterricht nehmen, sich die Schuldigkeit aufladen, das, wozu sie gedungen sind, wie andre Taglöhner abzuarbeiten und ihren Lohn zu verdienen; ich hingegen, weil ich keines nehme, nicht genöthigt bin, mich mit andern Personen zu unterhalten als die ich mir selbst wähle? Oder verachtest du meine gewöhnliche Kost, weil sie weniger gesund ist, und weniger Kräfte giebt als die Deinige? Oder weil *meine* Gerichte rarer und theurer, folglich schwerer anzuschaffen sind? Oder weil *dir* die Deinigen besser schmecken, als die Meini-

---

Assisi. Das Ideal eines vollkommenen Cynikers, welches Lucian in einem seiner Dialogen so meisterlich ausgemahlt hat, ist genau nach dem Sokrates, wie er sich in diesem Gespräch mit Antifon selbst schildert, gezeichnet. Daß selbst unter den ächten Cynikern (denn von den unächten ist hier die Rede nicht) der eine oder andere, auf den besagten Grundsatz (je weniger Bedürfniß, desto näher der Gottheit) sich stützend, es hierin dem Meister selbst zuvorthun wollte, beweiset nichts gegen meine Behauptung; es beweiset bloß, daß ein Narr zuweilen eben dasselbe närrisch thut, was ein Weiser weislich that. Plato soll daher (wie AelianVAR. HIST. XIV. 33. sagt) den Diogenes einen tollgewordenen Sokrates genannt haben; nicht ganz mit Unrecht, wenn gleich von den ungereimten, unsinnigen und sogar schändlichen Anekdoten, welche der Laertische Diogenes in die Lebensbeschreibung seines Namensverwandten, ohne Auswahl und Urtheil, zusammen getragen hat, die meisten handgreifliche Lügen sind.

[9] Κακοδαιμονιας διδασκαλος. Das, was sich ein deutscher Leser bey der gemeinen, zwar nicht sehr edeln, aber doch auch in der englischen, französischen und andern Sprachen häufig vorkommenden Redensart, armer Teufel, denkt, ist dem Sinne sowohl als der Etymologie nach so ganz das, was die Griechen kakodämon nennen, daß ich einen Lehrer der Kakodämonie nicht besser, als ich hier gethan habe, dollmetschen zu können glaubte; zumahl da das nasenrümpfende Hohnlächeln des Sofisten, das man sich zu dieser Spottrede hinzudenken muß, einen Ausdruck dieser Art zu erfordern scheint.

gen mir?[10] Weißt du nicht, daß wer recht guten Appetit hat nichts weniger als feine Schüsseln bedarf, und wer dürstet gern mit jedem Getränke vorlieb nimmt? Was die Kleidung betrift, so wirst du mir nicht läugnen, daß diejenigen, die ihre Kleider mit der Jahrszeit wechseln, es der Kälte und der Hitze wegen thun, und daß man sich Schuhe umbindet, aus Furcht die Füße zu verletzen und dadurch am Gehen gehindert zu werden. Hast du aber je gesehen, daß ich Kälte halber zu Hause geblieben wäre? oder an einem heißen Tage jemandem einen schattigten Platz streitig gemacht hätte? oder, weil die Füße mich geschmerzt, nicht hätte gehen können wohin ich wollte? – Weißt du nicht, daß Leute, die von Natur einen schwachen Körper haben, es in allem, worin sie sich übten, viel Stärkern, aber *ungeübten* zuvor thun, und sich leichter in solche Dinge schicken können? Meynst du also nicht, ich, der sich immer übte, alle Arten von körperlichem Ungemach zu dulden, müsse dergleichen besser aushalten können als du, der sich nie darin geübt hat? Daß ich aber weder meines Gaumens, noch des Schlafs, noch andrer körperlichen Bedürfnisse Sklave bin, das kommt, glaube mir, hauptsächlich daher, weil mir andere Dinge angenehmer sind, die nicht blos im Augenblick des Genusses vergnügen, sondern auch gewisse Hoffnung geben, daß sie uns *immer nützlich* seyn werden. Ueberdies weißt du, daß einer, der sich einbildet es gehe ihm nichts von Statten, auch nichts mit Freuden unternimmt; da hingegen diejenigen, denen die Landwirthschaft, oder die Reederey, oder was sie sonst treiben mögen, wohl gelingt, *mit sich selbst vergnügt sind*, weil sie ihre Sachen gut gemacht zu haben glauben.[11] Sprache sagt, wörtlich in

---

[10] Diese Fragen, auf diese fein spottende Art zugespizt, können zu Beyspielen einer dem Sokrates sehr gewöhnlichen und eigenen Art von ironischer Indukzion dienen, die durch die Feinheit der Wendung, ohne etwas von ihrem Salze zu verlieren, von der beleidigenden Grobheit des spottenden Sofisten sehr stark zum Vortheil der Urbanität des erstern absticht.

[11] Wiewohl ein so unverwerflicher Kenner wie Cicero das gemeine Urtheil der alten Griechen von Xenofons Sprache, » XENOFONTIS VOCE MUSAS LOCUTAS ESSE« (ORATOR, c. 19.) zu bestätigen scheint, so ist (mit gehöriger Bescheidenheit und Unterscheidung, versteht sich) nicht zu läugnen, daß das, was er in seiner immer sanften und zierlichen, aber auch (mit Cicero zu reden) weichen und zuweilen etwas nervenlosen Nervenlos möchte denn doch ein zu hartes Wort seyn, oder höchstens nur bey Vergleichung seiner Dikzion mit der rhetorischen in gewissem Sinn gelten können. Was an den plastischen

eine moderne Sprache übertragen, *zuweilen* ein wenig platt herauskommt. Indessen kann ich doch nicht umhin zu glauben, daß nicht selten, wo dies der Fall zu seyn scheint, der Fehler nicht so sehr an Xenofon, als an dem verwöhnten, wo nicht verdorbnen, Geschmack der Leser, oder an einem Uebersetzer, der sich etwa durch anscheinende Leichtigkeit zum *eilen* verführen ließ, oder dem sonst was menschliches begegnete, liegen möchte. Wenn ich nicht sehr irre, so findet sich sowohl in der deutschen als französischen Uebersetzung, deren ich bereits mit verdientem Lob erwähnt habe, hier ein Beyspiel dieser Art. Hr. Weiske giebt diese Periode folgendermaßen: »Du weißt, wer keinen guten Fortgang in seinen Geschäften *spürt* (οι οιομενοι μηδεν ευ πραττειν) empfindet keine Freude (ουκ ευφραινονται) wer aber glaubt, daß ihm sein Ackerbau, u. s. w. wohl von Statten geht, freuet sich und achtet sich für glücklich« (ως ευ πραττοντες ευφραινονται). Gegen solche Sätze ist freylich nichts einzuwenden, als daß sie, wenn ich so sagen kann, *gar zu wahr* sind. In Hrn. *Levesquens* Sprache klingt die Stelle etwas zierlicher, aber der Sinn ist beynahe eben derselbe:» VOUS SAVEZ QU' ON NE PEUT EMBRASSER GÂIMENT UNE ENTREPRISE, DONT ON N' ESPERE AUCUN SUCCÈS; MAIS QU' ON SE LIVRE AVEC JOIE À LA NAVIGATION, ETC. QUAND ON NE CRAINT PAS DE PERDRE LE FRUIT DE SES PEINES.« Das alles sagt denn mit vielen Worten – weder mehr noch weniger als – Niemand drischt gern leeres Stroh. – Aber gerade der Umstand, daß auch mir diese Stelle beym ersten Anblick nichts mehr als dies (welches fast gar zu wenig ist) zu sagen schien, machte mich auf die Wahl und Stellung der Worte Xenofons aufmerksamer, und ich glaubte zu sehen, daß er zwar eben nichts tief herausgegrabenes, aber doch auch nichts sogar gemeines habe sagen wollen, als man ihn sagen läßt. Gewiß ist das Wort μηδεν hier eben so wenig überflüssig, als οιεσθαι *spüren* oder *hoffen* bedeutet; und (worauf es, wenn ich nicht irre, hauptsächlich ankommt) ευ πραττειν sagt etwas mehr als glücklich in seinem Unternehmen seyn, denn es wird (wie ich aus *Schneiders* vortreflichem

---

Kunstwerken der Alten eine Schönheit ist, möcht' es wohl auch an manchen Gattungen schriftstellerischer Werke seyn; und es könnte bey diesen eben sowohl, wie bey Statuen und erhobenen Arbeiten der Fall seyn (und ist es auch wirklich), daß es einem Musenwerke darum nicht immer an Kraft und Leben fehlt, weil Nerven, Sennen und Muskeln nur schwach und kaum merklich daran angedeutet sind.

Griechisch-Deutschen Handlexikon lerne) wenigstens beym Xenofon, mehrmahls dem ευτυχειν (vom *Glücke* begünstigt seyn) entgegengesetzt, und schließt den Begriff, seines Glückes eigener Schöpfer zu seyn, sein Glück *machen* und *verdienen,* indem man das, was man zu thun hat, *recht thut,* in sich. Auch *Plato* nahm ευ πραττειν in diesem Sinne, da er es statt χαιρειν beym *Grüßen* eingeführt haben wollte, als eine Formel, welche das Beste, was man einander wünschen kann, die gemeinschaftliche gute Beschaffenheit und Stimmung des Leibes und der Seele bezeichne, (ως κοινον σωματος τε και ψυχης ευ διακειμενων συμβολον. ... *LUCIAN,* PRO LAPSU ETC. VOL. I. P. 725. ED. REIZ.) d. i. eine solche, worin Leib und Seele, jedes zu seinen eigenen *Verrichtungen* am aufgelegtesten ist. Endlich bemerke ich noch, daß mir das Wörtchen ως hier nicht *wie* oder *als,* sondern *weil* zu bedeuten scheinen und daß ich bey ουκ ευφραινονται das Wort πραττοντες hinzudenke. Alles dies vorausgesetzt, giebt diese Periode auf eine ganz ungezwungene Art den Sinn, den ich in meiner Uebersetzung ausgedrückt habe, und hängt auch mit dem folgenden um so viel besser zusammen. Die Meinung ist nemlich: das reinste Gefühl der Glückseligkeit entspringe aus einer mit gegründeter Hoffnung des guten Erfolgs verbundenen Thätigkeit, und es sey um so viel größer und vollkommener, je edler der Gegenstand und Zweck unsrer Selbstthätigkeit sey.[EndFootnote] Meynst du aber, das Vergnügen, das dergleichen Beschäftigungen gewähren, sey mit *dem* zu vergleichen, das aus dem Bewußtseyn entspringt sich selbst und seine Freunde immer besser zu machen? Dies ist immer meine Maxime gewesen, und wird es immer bleiben. Wenn es darauf ankommt seinen Freunden oder der Republik nützlich zu seyn, wer wird mehr Muße haben, sich dafür zu verwenden, einer, wie du mich hier siehst, oder einer der das Leben führt, das du selig preisest. Wer taugt besser in den Krieg? Einer der ohne eine köstliche Tafel und die ausgesuchtesten Bequemlichkeiten gar nicht leben kann, oder dem was da ist genügt? Wer wird eine belagerte Stadt bälder übergeben, einer der mit dem geringsten, was man überall findet, zufrieden ist, oder der eine Menge schwer zu befriedigender Bedürfnisse hat? Du, Antifon, scheinst die Glückseligkeit in Ueppigkeit und großem Aufwand zu setzen; ich hingegen bin überzeugt, daß *nichts bedürfen* etwas *göttliches* und also das Beste ist, und die *wenigsten* Bedürfnisse haben, das was dem Göttlichen am Besten am nächsten kommt.

Bey einer andern Gelegenheit, erneuerte dieser Sofist den Angriff von einer andern Seite, aber ebenfalls mit so schlechtem Erfolg, daß Xenofon sich begnügt, auch diesesmahl die ganze Konversazion in eine einzige Rede und Gegenrede zusammen zu fassen.

Antifon. Ich zweifle nicht daß du ein sehr ehrlicher Mann bist, Sokrates, aber für einen Gelehrten[12] kann ich dich keineswegs gelten lassen. Auch dünkt mich, du selbst müssest davon überzeugt seyn, weil du von keinem, die täglich um dich sind, Geld nimmst. Gewiß würdest du deinen Mantel, oder dein Haus, oder was du sonst geldeswerth besitzest, weder umsonst noch unter dem Werthe weggeben: Es ist also klar daß du deinen nähern Umgang, wenn du dächtest, daß er etwas werth sey, nicht unter seinem Preise geben würdest. Also, wie gesagt, für einen ehrlichen Mann laß ich dich gerne gelten, da du niemanden aus Gewinnsucht zu betrügen begehrst; aber nicht für einen Weisen, da du dich auf nichts verstehst das einen Werth hätte.

Sokrates. Bey uns,[13] mein lieber Antifon, ist es etwas ausgemachtes, daß Schönheit und Gelehrsamkeit, eine wie die andere, schätzbar oder verächtlich werden, je nachdem der Gebrauch ist, den man von ihnen macht. Einem Jüngling, der seine Schönheit irgend einem Kauflustigen um Geld überläßt, geben wir – einen garstigen Namen; hat er hingegen einen edeln und wohlgesitteten Mann zum Liebhaber, und weiß ihn zu seinem Freunde zu machen, so nennen wir ihn sittsam und verständig.[14] Eben so ist es mit den Gelehrten.

---

[12] Ich wähle hier mit Hrn. Weiske unter den vielerley Bedeutungen des Wortes σοφος diejenige, die der Meinung des Sofisten am besten zu entsprechen scheint, wiewohl sie, in andrer Rücksicht, nicht die bequemste ist. Lieber hätte ich Filosof gesagt, wenn dies Wort damals zu Athen schon üblich gewesen wäre; denn, aller Wahrscheinlichkeit nach, kam es erst durch die Sokratiker nach und nach in den Schwang.

[13] Nemlich, bey mir und meinen Freunden und Anhängern.

[14] Hr. Levesque (an welchen ich mich hier und da, wo es mir unmöglich scheint, den Gedanken des Autors besser zu treffen und auszudrücken als er, ohne Bedenken anschließe) hat hier lieber gegen die griechischen Gewohnheiten und Sitten sündigen, als seinen Leserinnen und jungen Lesern anstößig werden wollen, und also den schönen Jüngling der Urschrift in ein Frauenzimmer verwandelt. Da er bey seiner Uebersetzung der Memorabilien keinen andern Zweck gehabt zu haben scheint, als den Liebhabern einer lehrreich unterhaltenden Lektüre eine der besten Schriften Xenofons (die in einer

Diejenige, die ihre Wissenschaft um Geld verkaufen, heißen *Sofisten*; wer hingegen einen jungen Menschen von glücklichen Anlagen kennen lernt, und indem er ihm das Beste was er weiß mittheilt, keinen andern Vortheil dabey sucht, als einen Freund zu gewinnen, von dem sagen wir, er thue was einem edeln und biedern Bürger geziemt.[15] und finde nicht nöthig hier etwas hinzuzusetzen, als daß

COLLECTION DES MORALISTES ANCIENS nicht fehlen durfte) in der gefälligsten Einkleidung, die in seiner Sprache möglich war, in die Hände zu spielen, so ist die Freyheit, die er sich hierin herausnimmt, zweckmäßig und lobenswerth. Mir hingegen, dessen Hauptabsicht ist, seine Leser mit dem individuellen Sokrates, so wie ihn der wärmste seiner Freunde in diesem Buche darstellt, bekannt zu machen, würde es zu verdenken gewesen seyn, wenn ich aus einem zweckwidrigen Zartgefühl etwas hätte verbergen wollen, worüber weder Sokrates noch Xenofon sich das geringste Bedenken machen. Alles, was bey dieser Stelle meine Pflicht foderte, war, mich sorgfältig zu hüten, daß meine Dollmetschung weder mehr noch weniger sagen möchte, als die Urschrift. Das Gastmahl Xenofons (womit ich mich diesen Sommer über zu beschäftigen hoffe) wird die Denkart des weisesten Atheners seiner Zeit über diesen zweydeutigen Artikel in ein ziemlich helles Licht setzen, ohne doch den Knoten so rein aufzulösen, wie es wohl alle Verehrer des Sokrates wünschen möchten, die es in der Griechheit nicht so weit gebracht haben, um dem Eros Päderastes nur nicht gar Altäre und Tempel aufgerichtet sehen zu wollen.

[15] Καλω καγαθω πολιτη. Ueber dies Beywort habe ich meine Meinung in der Anmerk. 16. zu den Rittern des Aristofanes (Att. Mus. II. B. I. Heft, S. 20.) bereits gesagt, Wielands Anmerkung zu den »Rittern« lautet: »Ich müßte mich sehr irren, wenn ich hier der rechten Bedeutung, worin das Wort καλος καγαθος im Gegensatze von πονηρος zu Athen gewöhnlich genommen wurde, nicht sehr nahe gekommen wäre. Wenigstens giebt Aristofanes in den gleich folgenden Reden deutlich genug zu erkennen, daß er es so genommen. Ein Mensch von guter Erziehung ein μουσικος ανηρ και χρηστος τους τροπους (was nur mit andern Worten soviel als καλοκαγαθος sagt) und ein Mensch von gutem Hause hieß zu Athen eben dasselbe; denn nur diese letztern genossen, ordentlicher Weise, das was man zu Athen eine gute (liberale) Erziehung hieß. Eben so waren, ordentlicher Weise, ein Mensch von niedriger Herkunft und geringen Glücksumständen (θης, βαναυσος, αγενης εκ των πολλων), und ein schlechter, ungeschliffener, unwissender, pöbelhafter Mensch, (πονηρος, κακος, αμουσος, αμαθης, etc.) lauter Synonymen: daß es auch Ausnahmen gegeben haben werde, versteht sich von selbst. Die Bedeutung, die man dem καλος καγαθος gewöhnlich beylegt, war, (wie ich vermuthe) dem Sokrates eigen, der sich ein Geschäft daraus machte, denen, die mit ihm umgingen, von allen solchen Wörtern und Redarten, mit welchen gewöhnlich nur sehr verworrene und unbestimmte sittliche Begriffe verbunden wurden, deutliche und wahre zu geben. Durch die Sokratische Schule wurde denn auch dieser edlere und höhere

mir die gewöhnliche Bedeutung, worin dies Wort zu Athen gebraucht wurde, dem was man in England A GENTLEMAN nennt,
und was in Frankreich unter Louis XIV. UN GALANT-HOMME,
und späterhin UN HONNÊTE-HOMME hieß, am besten zu entsprechen scheint. Bey uns kann man ein *Edelmann* seyn ohne
A GENTLEMAN oder GALANT HOMME zu seyn, und was wir
unter einem Biedermanne verstehen, ist etwas ganz anders, als der
französische HONNÊTE HOMME, der diesem Ehrennamen unbe-
schadet, gar viele andere *verdienen* kann, die auf den deutschen
Biedermann, nie anwendbar seyn können. – Da für das Griechische
Kaloskagathos kein auf alle Fälle passendes deutsches Wort weder
vorhanden noch zu erfinden ist, so muß die redende Person und der
Zusammenhang der Rede einem Uebersetzer sagen, durch welche
Art von Annäherung er den Sinn des Originals am wenigsten ver-
fehle, ohne sich auf eine in unsrer Konversazionssprache unge-
wöhnliche Art auszudrücken.[EndFootnote] Was mich selbst betrift,
Antifon, so weißt du, jedermann hat so seine eigene Liebhaberey;
dieser an einem schönen Pferde, jener an einem schönen Hunde
oder Vogel; die Meinige war immer, edle Menschen zu Freunden zu
haben. Weiß ich etwas nützliches, so theil' ichs ihnen mit, empfehle
sie auch andern, deren Umgang ihnen behülflich seyn kann, im
Guten zuzunehmen. Auch durchgehe ich mit ihnen die Schätze, die
uns die alten Weisen in ihren Schriften hinterlassen haben, und wo
wir etwas Gutes sehen, heben wir's aus, und halten es (mit einem
Wort) für großen Gewinn, wenn wir einander auf alle Weise nützlich werden können.[16]

Sinn des Wortes Kalokagathie mehr in Umlauf gebracht; wahrscheinlich aber
kam das Wort eben dadurch unvermerkt aus dem gemeinen Gebrauch;
vermuthlich weil man es bequemer fand, blos ein καλος schlechtweg, als noch
αγαθος dazu, zu seyn.«

[16] Ich folge hier der von Hr. P. Schneider in den Text aufgenommenen Lesart,
ωφελιμοι; Levesque stützt sich auf die gewöhnliche φιλοι, und übersetzt: NOUS
FAISONS SURTOUT ENSEMBLE LE PLUS GRAND DES PROFITS, CELUI DE
NOUS AIMER LES UNS DES AUTRES. Dies klingt ganz hübsch; nur ist es
weder Sokratisch, noch im Sinn des Textes. Sokrates nahm das Nützliche zum
Maßstab alles Werths; ihm war nur das Nützliche schön, nur das Nützliche gut.
Ueberdies spricht er ja hier von dem, was seine Freunde und er gemeinschaftlich
vornähmen: Da sie schon Freunde (φιλοι) sind, so brauchen sie es nicht erst zu

Wenn ich (setzt Xenofon hinzu) den Sokrates so reden hörte, wie hätt' ich ihn nicht für einen der glücklichsten Sterblichen halten sollen? Oder wie hätt' ich zweifeln können, daß es nur an denen, die ihn hörten liege, wenn sie nicht besser durch ihn würden?

Bey noch einer andern Gelegenheit fragte ihn Antifon: wie er sich für fähig halten könne, andere zu Staatsmännern zu bilden, oder warum er sich nicht selbst mit den öffentlichen Geschäften der Republik abgebe, wenn er sich so gut darauf verstehe?

Auf welche Weise (war seine Antwort) kann ich mich um die Republik verdienter machen, wenn ich mich ihr bloß allein für meine eigene Person widme? oder wenn ich mir angelegen seyn lasse, recht viele geschickt zu machen, ihr gute Dienste zu thun?

---

werden; die gemeine Lesart ist also unrichtig, und Xenofon hat unfehlbar ὠφελιμοι geschrieben.

3.
Sokrates, Lamprokles, sein Sohn

Sokrates bemerkte einst, daß sein
ältester Sohn Lamprokles über seine Mutter
ungehalten war. Dies veranlaßte
folgendes Gespräch zwischen dem Vater
und dem Sohne.

Sokrates. Sage mir, mein Sohn, hast du je Gelegenheit gehabt, Menschen kennen zu lernen, die man *undankbar* nennt? –

Lamprokles. O Ja.

Sokrates. So wirst du vermuthlich auch wissen, wodurch sie sich diesen Namen zuziehen? –

Lamprokles. Allerdings; wer Gutes von einem andern empfangen hat, und es ihm nicht vergilt wenn er Gelegenheit dazu bekommt, wird undankbar genennt. –

Sokrates. Denkst du, es geschehe den Undankbaren zu viel, wenn man sie mit den Ungerechten in Eine Linie stellt? –

Lamprokles. Ich denk' es nicht.

Sokrates. Aber sollte nicht vielleicht ein Unterschied in Rücksicht auf Freund oder Feind Statt finden? Es wäre unrecht, unsere *Freunde* zu unterjochen, aber unsere Feinde zu Sklaven zu machen, wird für recht gehalten. Verhält es sich etwa eben so mit der Undankbarkeit? Ist Undank nur gegen Freunde ungerecht, gegen Feinde hingegen gerecht? Hast du je hierüber nachgedacht?

Lamprokles. O Ja, und mich däucht, wer es auch sey, von dem man Gutes empfangen hat, Freund oder Feind, es bleibt immer unrecht, wenn man ihm nicht Dankbarkeit zu beweisen sucht.

Sokrates. Wenn dem so ist, so wäre also Undankbarkeit deiner Meinung nach, offenbare Ungerechtigkeit?

Lamprokles. Ich bin gänzlich dieser Meinung.

Sokrates. Und je größer die empfangenen Wohlthaten wären, die einer nicht zu vergelten suchte, desto größer das Unrecht?

Lamprokles. Unläugbar.

Sokrates. Wo fänden wir nun wohl den Menschen, der von einem andern größere Wohlthaten empfangen hätte, als Kinder von ihren Eltern? Wem sonst als unsern Eltern haben wirs zu danken, daß wir da sind, uns des Anblicks so vieles Schönen erfreuen, so vieles Gute genießen, das die Götter den Menschen darreichen, und worauf wir einen so hohen Werth legen, daß wir nichts so sehr fürchten als es zu verlieren. Daher haben alle bürgerlichen Gesellschaften auf die größten Verbrechen die Todesstrafe gesetzt, weil sie kein größeres Uebel kannten, um durch die Furcht desselben ihre Bürger von frefelhaften Thaten abzuschrecken. Solltest du dir etwa einbilden, man zeuge Kinder der Befriedigung des Geschlechtstriebs wegen, so würdest du dich sehr irren; denn von Gelegenheiten diese Lust zu büßen sind Straßen und Häuser voll. Offenbar zeigt sich schon in der Wahl der Gattin, daß wir auf die künftigen Kinder Rücksicht nehmen, und uns um eine solche bewerben, mit welcher wir starke und gesunde Kinder zu zeugen hoffen.[17] Daher nimmt der Mann die Sorge auf sich, das Weib, das zu diesem Zweck mit ihm über-eingekommen ist, zu ernähren, und alles, was den künftigen Kindern zum Leben und Fortkommen nöthig ist, so reichlich, als er nur immer vermag, anzuschaffen. Wie lästig ihm aber diese Sorge seyn mag, das Weib übernimmt dennoch die schwerere Last.[18] Nachdem Sie empfangen hat, trägt sie die Bürde mit großer Beschwerde, ent-zieht sich, um ihr Kind zu nähren, einen Theil ihrer eigenen Nah-rung, und nachdem sie es endlich mit Schmerzen und Lebensgefahr gebohren hat, säugt sie es, wartet und pflegt seiner mit der müh-samsten Sorgfalt, und alles das, ohne den geringsten Vortheil von ihm zu haben, und zu einer Zeit, da das Kind noch nicht weiß, wer ihm so viel Gutes erweißt, und noch unvermögend ist seine Bedürf-nisse zu erkennen zu geben: Aber Sie *erräth* was ihm gut seyn oder Vergnügen machen kann, versucht bald dies bald jenes, und läßt

---

[17] Sokrates scheint hier und im nächstfolgenden sich selbst und seine Gattin im Sinne gehabt zu haben, wiewohl er mit gutem Bedacht so spricht, als ob das was er sagt von allen Vätern und Müttern gelte. Daß unter βελτιστα (τεκνα) hier gesunde, wohlgestaltete, dauerhafte Kinder zu verstehen seyen, hat Hr. Weiske sehr richtig bemerkt.

[18] Diesen Satz habe ich des deutlichem Zusammenhangs wegen eigenmächtig eingeschoben.

sich Tag und Nacht keine Mühe dauern, ohne zu wissen, welchen Dank sie dafür empfangen werde. Und dabey lassen es die Eltern nicht bewenden, sondern sobald sie sehen, daß die Kinder im Stande sind etwas zu lernen, geben sie ihnen Unterricht, und wenn sie einen andern wissen, von dem sie dieses oder jenes besser lernen können, so schicken sie dieselbe zu diesem, und sparen keine Kosten, um ihnen die beste Erziehung zu geben.

Lamprokles. Wohl! Und wenn sie (meine Mutter) auch alles was du sagtest und noch viel mehr dergleichen gethan hat, so ists doch nicht menschenmöglich eine Gemüthsart wie die ihrige auszustehen.

Sokrates. Du denkst doch nicht, daß eine Mutter noch ärgere Mucken haben könne als ein Thier?

Lamprokles. Eine *solche* Mutter ganz gewiß.

Sokrates. Hat sie dich denn jemahls gebissen oder gegen dich ausgeschlagen?

Lamprokles. Das eben nicht, aber sie machts noch ärger; sie sagt Einem Dinge, die kein Mensch in seinem ganzen Leben hören möchte.

Sokrates. Und du denkst nicht wie viel unangenehme Augenblicke du *ihr* von Kindesbeinen an gemacht hast? Wie oft sie vor deinem Geschrey bey Nacht kein Auge zuthun konnte? Wie manchen Verdruß und Aerger du ihr den ganzen Tag über durch deine Unarten gemacht, und wie viel sie mit dir ausstehen mußte, wenn du krank warst?

Lamprokles. Ich hab ihr doch in meinem Leben nichts gesagt noch gethan, wodurch sie sich für beschimpft hätte halten müssen.

Sokrates. Warum, meynst du, solltest du das, was sie dir sagt, nicht eben so gelassen anhören können, als die Schauspieler, die einander in Tragödien oft die abscheulichsten Dinge ins Gesicht sagen?

Lamprokles. Das ist ein anderes; *die* können das leicht ertragen, da sie wissen, daß es nicht böse gemeynt ist, und daß ihnen alle diese Vorwürfe und Drohungen keinen Schaden thun werden.

Sokrates. Und du, der du deiner Mutter eine harte Rede so übel nimmst, weißt nicht auch du recht wohl, daß sie nicht nur nichts böses gegen dich im Sinne hat, sondern im Gegentheil es so wohl mit dir meynt als mit keinem andern in der Welt? Oder glaubst du, daß deine Mutter dir wirklich übel wolle?

Lamprokles. Das glaub' ich nicht.

Sokrates. Wie? und du nennst eine Mutter unerträglich, die dir wohl will, und nach ihrem besten Vermögen dafür besorgt ist, daß du, wenn du krank bist, wieder gesund werdest, und daß es dir überhaupt an nichts, was du nöthig hast, fehle, und die überdies täglich für dich zu den Göttern betet, und Gelübde thut daß es dir wohl gehen möge? Wahrlich, wenn du eine solche Mutter nicht ertragen kannst, so weiß ich nicht wie du in der Welt fortzukommen hoffen kannst. Glaubst du etwa, du werdest nie in den Fall kommen, einem Andern mit Ehrerbietung begegnen zu müssen? Oder legst du es darauf an, keinem Menschen gefällig seyn oder nachgeben zu wollen, auch nicht im Kriege deinem Officier, oder sonst einer obrigkeitlichen Person?

Lamprokles. Das ist keinesweges meine Meinung.

Sokrates. Mußt du nicht auch mit deinem Nachbar auf einem guten Fuß stehen, damit er dir erlaube Feuer von seinem Heerde zu nehmen, wenn du dessen bedarfst, oder dir andere kleine Gefälligkeiten erweise, und dir in einem Nothfall mit Rath und That zu Hülfe eile? Wenn du jemanden zu Land oder zu Wasser zum Reisegefährten bekommst oder sonst mit ihm zusammentriffst, ist dirs gleichviel, ob er dein Freund oder Feind ist? Oder glaubst du nicht, es sey wohlgethan, wenn du dich auch bey solchen Personen beliebt zu machen suchst?

Lamprokles. Ich denke nicht anders.

Sokrates. Nun, wenn *das* ist, wie kannst du dich selbst von der Pflicht, deine Mutter, die dich liebt wie kein andrer dich jemahls lieben wird, zu ehren, frey sprechen wollen? Wisse, wenn du es noch nicht weißt, daß die Gesetze, die von andern Arten der Undankbarkeit keine Kenntniß nehmen, auf den Undank gegen die Eltern die Strafe gesetzt haben, den, der sich dessen schuldig gemacht hat, vom *Archontat* auszuschließen; in der Voraussetzung, daß ein solcher Mensch weder den Göttern ein gefälliges Opfer für die Stadt bringen, noch irgend ein anderes Geschäfte gehörig und gedeihlich verrichten könne; ja es ist sogar eine von den Fragen, die den künftigen Archonten, bey der öffentlichen Untersuchung ihrer Wahlfähigkeit vorgelegt werden: ob sie auch dem Grab ihrer verstorbenen Eltern die gebührende Ehre angethan haben? Du hast also, wenn ich von deinem Kopf und Herzen gut denken soll, große Ursache, mein Sohn, die Götter um Verzeihung alles dessen zu bitten, womit du dich etwa gegen deine Mutter vergangen hast, damit nicht auch sie dich für einen Undankbaren ansehen und dir ihre Wohlthaten entziehen. Auch hüte dich wohl, die Menschen nicht merken zu lassen, daß du dir nichts aus deinen Eltern machst; alle würden sich mit Verachtung von dir zurückziehn, und dich freundlos und allein in der Welt stehen lassen. Denn wenn sie einmal die Meinung von dir gefaßt hätten, du seyest ein undankbarer Sohn gegen deine Eltern, würde Niemand glauben, daß du es *ihm* Dank wissen würdest, wenn er dir Gutes bewiese.

Erläuterung

Ohne itzt in eine Betrachtung des innern Werths dieses kleinen Dialogs einzugehen, (worüber Hr. *Weiske* viel richtiges und fein gedachtes gesagt hat) bemerke ich hier bloß, daß er auch deswegen interessant ist, weil er die gemeine und zu einem beynahe unauslöschlichen Vorurtheil verjährte schlimme Meinung von der Gattin des Sokrates, die sich hauptsächlich auf eine Stelle in Xenofons *Gastmahl* und etliche alberne Anekdoten im *Diogenes Laertius*[19] stützt, zu berichtigen dienen kann.

Was der junge Lamprokles in diesem Gespräch von dem unerträglichen Wesen seiner Mutter sagt, bestätigt *Antisthenes*, einer der wärmsten Anhänger des Sokrates, durch die Frage, die er in besag-

---

[19] Ich habe nie begreifen können und begreife noch nicht, wie man den ohne Ordnung, Kritik und Geschmack zusammengetragenen Kollektaneen dieses unbekannten Autors aus dem 3ten Jahrhundert nach Chr. Geb. den Nahmen von Lebensbeschreibungen der Filosofen hat geben mögen, da es doch in die Augen fällt, daß es bloß unordentliche Materialien zu einem Werke sind, das er vielleicht künftig einmahl zu schreiben im Sinne hatte. Auch so, wie sie sind, haben sie freylich noch immer einigen Werth, nur einen unendlich geringern, als ihnen von den Filologen gewöhnlich beygelegt wird.

tem *Gastmahl* an seinen Meister thut: »Wenn, wie du sagst, ein Mann seine Frau bilden kann wie er will, Sokrates, warum hast denn du die deinige, die von allen Widerbellerinnen, die ehemals lebten, jetzt leben, und künftig leben werden, die unerträglichste ist, nicht zu einem zahmem und mildern Wesen umgebildet?« – Aber die scherzhafte Wendung[20] wodurch Sokrates eine direkte und ernsthafte Antwort auf eine so unbescheidene Frage von sich ablehnt, ob sich gleich aus ihr schließen läßt, daß er die gute Xantippe, von dieser Seite für unverbesserlich gehalten habe, sagt doch deutlich genug, daß er selbst sich sehr wohl mit ihr habe vertragen können; und der Begriff, den man sich aus der gegenwärtigen Unterredung mit seinem Sohn von ihr zu machen bewogen wird, scheint mir nicht nur jene Vertragsamkeit ganz begreiflich zu machen, sondern überzeugt mich sogar, daß Sokrates vielleicht in ganz Attika keine Frau hätte finden können, die besser für ihn getaugt hätte, und ihm sogar zur Aufrechterhaltung seines Hauswesens unentbehrlicher gewesen wäre als Sie.

Xantippe scheint mir, bloß nach ihrem vornehmen Nahmen,[21] zu urtheilen, aus einem guten Hause in Athen gewesen zu seyn; aber vermuthlich ohne Vermögen, was sehr häufig der Fall aristokratischer Töchter zu Athen war, dafür aber, was nicht häufig der Fall war, so häuslich und wirthschaftlich erzogen, daß Sokrates, dessen ökonomische Umstände sehr übel zu einer Dame, wie etwa die Gemahlin des ehrlichen Strepsiades in den *Wolken* war, gepaßt haben würden, große Ursache hätte sich in ihr glücklich zu preisen. Ich stelle sie mir (nach einem Wink, den Sokrates in diesem Gespräch hierüber zu geben scheint) als eine Frau aus der Klasse der *Männinnen* vor, die den Mangel an zarter Weiblichkeit und Grazie,

---

[20] Wiewohl eine Menge platter Herren, die seiner Antwort erwähnen, sie für bittern Ernst nehmen.

[21] Nach Gewohnheit der Athener bekam sie den Nahmen Xantippe entweder ihrem Vater, oder dem Großvater von väterlicher oder mütterlicher Seite, zu Ehren, deren einer Xantippos hieß; und daß dies ein adelicher Name war, erinnern wir uns aus der ersten Scene der Wolken. Der Vater des Perikles führte diesen Nahmen, und es wäre nicht unmöglich, daß Xantippe eine Anverwandte von ihm und dieser Umstand die Veranlassung gewesen wäre, daß Sokrates in seinen jüngern Jahren den Zutritt im Hause des Perikles erhielt, und mit Alkibiades dem Neffen dieses großen Staatsmannes, in so vertrauliche Bekanntschaft gerieth.

durch eine stattliche Amazonengestalt und eine derbe rüstige Leibesbeschaffenheit ersetzen; von raschem, leicht aufbrausendem Temperament, etwas streitlustig und gern das letzte Wort behaltend; übrigens eine fleißige, emsige, auf alles aufmerksame, streng über guter Zucht und Ordnung haltende Hausmutter, die ihre liebe Noth mit drey solchen jungen Bengeln hatte, wie ich mir die Söhne des Sokrates vorstelle, und täglich Gelegenheit genug bekommen mochte, sich über ihre Unarten zu ereifern. Denken wir uns noch die sehr knappen Umstände eines Gelehrten hinzu, der weder Geld verdienen wollte, noch sonst auf eine zulängliche sichre Einnahme rechnen konnte, und wie viele Sorgen eine brave Hausfrau in einer solchen Lage hat, um die Oekonomie im Gang zu erhalten ohne einem Manne wie Sokrates mehr zuzumuthen als recht war; so begreift man um so leichter, wie eine Frau, auf welcher so viele Sorgen liegen, zu einer habituellen Säure kommen kann, die nur kleiner Veranlassungen nöthig hat, um alle Augenblicke in ungestüme Hitze aufzubrausen, und ihrer übeln Laune durch Brummen und Schelten Luft zu machen. Sokrates, der ohnehin nicht viel zu Hause war, konnte sich, bey seiner ihm eigenen Kälte und Gleichmüthigkeit, leicht gewöhnen, den Rauch um des Feuers willen zu ertragen, und einer Frau, die so wesentliche Verdienste um ihn hatte, einige, wiewohl sehr beschwerliche Fehler, ihrer guten Eigenschaften wegen zu übersehen: aber von einem jungen Menschen, wie Lamprokles, der sich wahrscheinlich mehr auf seinen Vater einbildete als er durch seine wenige Aehnlichkeit mit ihm berechtigt war, und der (wie Hr. *Weiske* wohl bemerkt) einen guten Theil von seiner Mutter Hitze geerbt haben mochte, war eine so weise Mäßigung nicht zu erwarten, und Sokrates fand es daher für nöthig, ihn seiner Kindespflicht mit Nachdruck und durch solche Vorstellungen zu erinnern, die, wofern nur etwas gesundes an seinem Kopf und Herzen war, wenigstens einen ernstlichen Vorsatz sich zu bessern bey ihm wirken mußten.

4.
Sokrates,
Chärekrates

Sokrates wurde gewahr, daß
die Gebrüder *Chärefon* und *Chärekrates*,[22]
mit denen er wohl bekannt war, in Uneinigkeit
mit einander lebten. Dies veranlaßte
folgendes Gespräch zwischen ihm
und Chärekrates.

Sokrates. Gestehe es mir, lieber Chärekrates, solltest du etwa auch einer von den Ehrenmännern seyn, denen ihr Geld lieber als ihr Bruder ist, vermuthlich weil sie nie bedacht haben, wie sehr der Unterschied zwischen beyden für den Bruder spricht? Denn mein Geld ist ein todter unbehülflicher Klumpen, bey dem ich selbst immer das Beste thun muß, wenn er mir etwas helfen soll; mein Bruder hingegen ist ein Mensch, der durch die Vernunft, die er vor dem Geldsack voraus hat, im Stand ist, mir in Fällen, wo ich mir mit allem meinem Gelde nicht zu helfen weiß, die größten Dienste zu

---

[22] Dieser Chärefon, welchen Xenofon hier nur einen Bekannten (γνωριμον) des Sokrates nennt, wiewohl Plato in seiner Apologie den Sokrates selbst sagen läßt, er sey von der ersten Jugend an sein Kamerad (εταιρος) gewesen, ist ohne Zweifel eben derselbe, dessen in den Wolken als eines eifrigen Anhängers und Vertrauten des Sokrates erwähnt wird. Plato karakterisiert ihn an besagtem Orte als einen warmen Kopf, der alles, worauf sein Sinn gerichtet war, mit Hitze und Heftigkeit durchsetzte, und beruft sich darüber auf alle Athener, deren keinem dieser Mann unbekannt sey; auch erklärt er aus dieser Sinnesart Chärefons den sonderbaren Einfall desselben, sich seine hohe Meinung von der Weisheit seines Freundes Sokrates durch das Delfische Orakel bestätigen zu lassen. Der Karakter, den ihm Sokrates in diesem Gespräche giebt, wird durch das, was Plato von ihm sagt, ins rechte Licht gestellt, und wenn wir noch annehmen (was sehr wahrscheinlich ist) daß der jüngere Bruder von einem mildern und schwächern Karakter war, so wird es sehr leicht seyn, sich eine anschauliche Vorstellung von der Beschaffenheit der Disharmonie, worin die beyden Brüder lebten, zu machen, und zu begreifen, warum Sokrates, da er sie mit einander aussöhnen wollte, sich an den jüngern wandte, und ihn zu bewegen suchte, den ersten Schritt zu thun.

thun.[23] γνωμιδια nennt. Getreu übersetzt, scheinen sie uns modernen Lesern, anstatt witzig zu seyn, zuweilen unausstehlich *platt*, zumahl in einer Uebersetzung, worin die Kürze des Ausdrucks der Urschrift der neuern Sprache unerreichbar ist. Ob dies nicht auch hier, wo Sokrates dem Chärekrates den Unterschied zwischen Geld und Gut und einem Freund durch drey wenig beweisende und nicht einmal ganz richtige Antithesen einleuchtend zu machen sucht, der Fall sey, wird die folgende wörtliche Uebersetzung vielleicht am besten zeigen: »Bist du etwa auch einer von den Menschen, welche *Geld und Gut* für nützlicher halten[24] als einen *Freund* und das, wiewohl jene *vernunftlos*, dieser hingegen *vernünftig*, jene *der Hülfe bedürftig*, dieser zu *helfen vermögend*, und überdies, jene *in Menge* vorhanden, dieser *einzig* ist.« – Ich glaubte am besten zu thun, wenn ich, ohne mich an die Worte des Originals zu kehren, bloß das, was Sokrates damit sagen wollte, und zwar statt des ernsthaften Tons, in einem humoristischen, auszudrücken suchte; daher denn auch an die Stelle des griechischen Wortes *Chremata* (welches außer dem Gelde noch alle Arten von liegender und fahrender Habe in sich begreift) ein Geldsack gestellt werden mußte. Auf diese Weise sind nun freylich aus fünf Zeilen im Original mehr als ein Dutzend in einer ziemlich freyen Parafrase worden; ich hoffe aber wenigstens, daß Xenofon nichts dabey verlohren habe.[EndFootnote] Ueberdies giebts des Geldes viel in der Welt, aber nur einen Bruder für den, der (wie du) keinen andern hat noch bekommen kann. Wunderlich genug wär' es wenn man seine Brüder deswegen unter die Rubrik von *baarem Verlust* bringen wollte, weil ihr Theil am Familiengut den unsrigen kleiner macht; denn aus dem nehmlichen Grunde müßte sichs einer auch verdrießen lassen, daß er die Antheile aller übrigen Bürger am allgemeinen Staatsvermögen nicht auch allein beysammen hat. Das thut aber Niemand, weil jedermann so viel Verstand hat, um einzusehen, daß es besser ist

[23] Xenofon scheint, vielleicht noch mehr als Sokrates selbst, ein Liebhaber von einer Art Antithesen gewesen zu seyn, die nicht selten wenig besser als Spielerey, und wie ich vermuthe, eigentlich das sind, was Aristofanes an einem Ort in den Wolken S. Att. Mus. II. B. 2. Heft S. 99. und die IVte Erläuterung, im 3ten H. S. 57.

[24] Hier geht gleichwohl das Spiel mit den Worten χρησιμωτερον und χρηματα ohne meine Schuld verloren.

mit einem mäßigen Vermögen in einer Gesellschaft zu leben, die uns das, was wir haben, sichert, als einzeln mit dem ungeheuren Gut in steter Gefahr zu schweben, es wieder zu verlieren. Hat es denn aber zwischen Brüdern nicht die nehmliche Bewandtniß? Wer's vermag kauft sich Sklaven, um Gehülfen in der Arbeit zu haben, und bewirbt sich um Freunde, weil er ihres Beystands nöthig zu haben glaubt: aus seinen Brüdern hingegen macht man sich nichts, als ob sich aus einem Bruder nicht eben so gut als aus einem bloßen Mitbürger ein Freund machen ließe? Und doch wird schon dadurch, daß man von ebendenselben Eltern entsprossen und neben einander aufgekommen ist, ein starker Grund zur Freundschaft gelegt; wie sich denn sogar bey den Thieren eine Sehnsucht nach denen, die mit ihnen aufgefüttert wurden, zeigt. Endlich kommt auch noch in Betrachtung, daß man im gemeinen Leben dem, der einen oder mehrere Brüder hat, weit mehr Achtung zeigt, als einem der bruderlos ist, und daß jener weit weniger von andern angefochten wird als dieser.

Chärekrates. Mein bester Sokrates, wenn die Ursache des Zwists von keiner Erheblichkeit wäre, möcht' es wohl Pflicht seyn, einen Bruder zu ertragen, und einer Kleinigkeit wegen sich nicht von ihm zu entfernen. Denn, wie Du sagst, es ist ein gutes Ding um einen Bruder, wenn er ist wie er seyn soll. Wenn aber so viel daran fehlt, daß er gerade das Gegentheil ist, wer wollte das Unmögliche unternehmen?

Sokrates. Ist denn dein Bruder Chärefon ein so widerlicher Mensch, daß niemand mit ihm auskommen kann? Oder giebt es nicht Leute, denen er sich ungemein gefällig zu machen weiß?

Chärekrates. Das ist es eben, lieber Sokrates, warum ich ihn hassen muß, daß er gegen Andere gefällig und verbindlich seyn kann, mir hingegen, wie er sich nur blicken läßt, überall mit Worten und Werken zum Schaden, anstatt zum Nutzen ist.

Sokrates. Du weißt, es giebt Pferde, bey denen man bloß darum zu Schaden kommt, weil man sie nicht recht zu behandeln weiß: Könnte das nicht vielleicht mit deinem Bruder eben so seyn?

Chärekrates. Wie sollte ich meinen Bruder nicht zu behandeln wissen? Wer mir gute Worte giebt, dem geb' ich gute Worte zurück, und wer mir gute Dienste leistet, dem dien' ich wieder; darauf versteh ich mich so gut als einer. Wer es aber recht darauf anlegt, mir zum Verdruß zu reden und zu handeln, mit dem kann ich unmöglich auf einen freundlichen Fuß leben, und es fällt mir auch nicht ein, einen Versuch zu machen.

Sokrates. Das wundert mich. Ich sollte doch denken, wenn du einen guten Schafhund hättest, der mit den Schäfern freundlich thäte, gegen dich hingegen, wenn er dich kommen sähe, sich gar grimmig gebehrdete, so würdest du, anstatt dich über ihn zu erzürnen, ihm Brod geben und schön thun, und ihn dadurch zu schwichtigen und an dich zu gewöhnen suchen: und du wollest dir keine Mühe um die Freundschaft deines Bruders geben, da du doch gestehst, du hieltest es für ein großes Gut, wenn er gegen dich wäre wie er sollte, und da es, deiner eigenen Versicherung nach, bloß auf deinen Willen ankommt, seine Zuneigung durch eben dieselben Mittel zu gewinnen, wodurch du dir Andere gewogen zu machen weißt?

Chärekrates. Ich fürchte sehr, mein lieber Sokrates, daß meine Kunst nicht so weit reicht, um den Chärefon dahin zu bringen, daß er sich gegen mich betrage wie er sollte.

Sokrates. Meines Erachtens bedürfte es dazu keiner mühsamen Vorkehrungen und besondern Künste; du würdest es, denk' ich bloß mit der, worin du bereits ein Meister bist, weit mit ihm bringen können.

Chärekrates.*(lachend)* Wenn du, wie es scheint, ausfindig gemacht hast, daß ich ein Zaubermittel, die Leute zur Liebe zu zwingen, besitze, wovon ich selbst bisher nicht gewußt habe, so entdeck' es mir je bälder je lieber.

Sokrates. Zuvor sage Du mir, wenn du, falls einer deiner Bekannten ein Opfermahl geben sollte, gern dazu eingeladen seyn möchtest, was würdest du thun?

Chärekrates. Ich würde ihn, bey der nächsten Opfermahlzeit, die ich ausrichte, zuerst einladen.

Sokrates. Und wenn du einen deiner Freunde bewegen möchtest, während du außer Landes wärest, sich deiner Angelegenheiten anzunehmen, wie würdest du es anfangen?

Chärekrates. Natürlich würde ich ihm selbst zuvor den nemlichen Dienst zu leisten suchen, wenn er in denselben Fall käme.

Sokrates. Oder wenn du von einem Fremden gern in sein Haus aufgenommen seyn möchtest, falls du an seinen Ort kämest, wie würdest du es machen?

Chärekrates. Ich müßte ihn zuvor in *mein* Hauß aufnehmen wenn er nach Athen käme; und wollte ich, daß er mir zu dem Geschäfte, dessenthalben ich gekommen wäre, beförderlich seyn sollte, so müßt' ich vorher das Nemliche für ihn thun, das versteht sich.

Sokrates. Wie? Du kennst also das Zaubermittel, wodurch man Andere nöthigen kann uns hold zu seyn, und machst schon so lange ein Geheimniß daraus? Oder zögerst du etwa *darum* den ersten Schritt zur Aussöhnung mit deinem Bruder zu thun, weil du fürchtest, es möchte dir zur Schande gereichen? da dir doch nicht unbekannt seyn kann, daß es für etwas sehr rühmliches gehalten wird, Feinden mit Angreifen, und Freunden mit guten Diensten zuvorzukommen? Hätte ich dem Chärefon zugetraut, daß er besser dazu tauge den Anfang eines so löblichen Werkes zu machen, so würd ich ihn dazu zu bereden gesucht haben: aber nun sehe ich, daß es besser von Statten gehen wird, wenn *Du* den Anfang machst.

Chärekrates. Wo denkst du hin, Sokrates? Wie kann ein Mann wie du, mir zumuthen, daß ich mich so vordrängen sollte, da ich doch der jüngere bin? In der ganzen Welt ist es ja gerade umgekehrt; dem ältern gebührt immer der Vorrang, im Reden und im Handeln.

Sokrates. Wie? Ist es nicht allenthalben Sitte, daß der jüngere dem ältern weiche? daß er von seinem Platz aufstehe, bis dieser sich gesetzt hat, daß er ihm den bequemem Sitz einräume, und ihm das erste Wort lasse? – Ernsthaft zu reden, lieber guter Chärekrates, säume dich nicht länger deinen Bruder zu beschäftigen. Er wird dir gewiß mit schnellen Schritten entgegen kommen.[25] Du kennst ihn

[25] Aus dieser so positiven Versicherung ist zu schließen, daß Sokrates sich der Gesinnung seines Freundes Chärefon schon zuvor versichert hatte, ehe er diesen Versuch machte, den jüngern Bruder dahin zu bringen, daß er den ersten Schritt zur Aussöhnung thäte, und daß die ganze Sache zwischen ihm und Chärefon abgeredet war.

als einen ehrliebenden und edelmüthigen Mann. Schlechte Leute kann man nicht anders fangen als wenn man ihnen etwas giebt; edle Menschen werden am leichtesten durch Zutrauen und Liebe gewonnen.

Chärekrates. Wenn ich nun deinem Rathe folgte, und er bliebe gegen mich wie vorher?

Sokrates. Was würdest du dabey wagen, als daß nun jedermann sähe, du seyest ein braver Mann und ein guter Bruder, er hingegen ein verkehrter Mensch, der nicht verdiene daß man ihn edel behandle. Aber ich bin versichert daß nichts dergleichen begegnen wird. Wie ich ihn kenne, wird ihn, sobald er sich zu diesem Kampf von dir herausgefordert sieht, sein Ehrgeiz antreiben, es dir in Gefälligkeit und Großmuth zuvorzuthun. Wie ihr itzt mit einander steht, ist es gerade als wenn die beyden Hände am Menschen, die von Gott dazu gemacht wurden, einander behülflich zu seyn und gemeinschaftlich zu arbeiten, statt dessen ihr Geschäfte daraus machten, eine die andere immer zurückzuhalten; oder als ob die beyden Füße, die nach göttlicher Ordnung bestimmt sind, einer den andern im Gehen zu fördern, ihres Endzwecks uneingedenk, einander immer in den Weg treten wollten. Wär' es nicht der jämmerlichste Unsinn, was zu unserm Nutzen gemacht ist, zu unserm Schaden zu gebrauchen? Nun dünkt mich es sey doch offenbar, daß Gott ein paar Brüder dazu gemacht hat, einander viel größere Vortheile zu verschaffen, als die Hände, die Füße, die Augen und die andern Glieder, die er dem Menschen gleichsam als Brüder[26] doppelt angeschafft hat. Die Hände können sich nicht zugleich mit etwas beschäftigen, das über eine Klafter von ihnen entfernt ist; die Füße brauchen einen noch kleinern Raum um zugleich fortschreiten zu können; die Augen haben zwar einen weit größern Wirkungskreis, können aber doch selbst die nächsten Gegenstände nicht zugleich von vorn und von hinten sehen. Ein paar Brüder hingegen,

---

[26] Der griechische Dualis giebt dem Original in der Ausbildung dieses ganzen Gleichnisses eine Zierlichkeit und Rundung, die sich so wenig als der Ausdruck, οσα αδελφα ανθρωποις im Deutschen nachmachen läßt.

die einander lieben, können auch in der weitesten Entfernung zusammen wirken und einander die größten Dienste leisten. [27]

---

[27] Die Gleichnisse, deren sich Sokrates zu seinen Indukzionen bedient, fallen vermuthlich den meisten Lesern, (denen diese Methode ohnehin etwas ganz fremdes ist) dadurch besonders auf, daß sie manchmahl gar zu weit hergehohlt scheinen, und ausserdem, daß sie wenig oder nichts beweisen, die Wahrheit, wovon er den Andern überzeugen will, oft nicht einmal einleuchtender machen, als wenn er sie, ohne solche Umschweife, geradezu sagte, und mit Gründen, die aus der Sache selbst hergenommen wären, unterstützte. Und doch muß Sokrates, da er sich dieser Methode so häufig und gewöhnlich bediente, besondere Ursachen, warum er sie der direkten und beweisenden vorzog, gehabt haben, die vielleicht noch nicht genug erforscht sind. Könnte nicht das Auffallende selbst, als ein Mittel desto mehr Aufmerksamkeit zu erregen, eine derselben gewesen seyn? – Doch hievon bey einer andern Gelegenheit. Hier bemerke ich nur, daß das Wort Adelfos (Bruder) welches Xenofon an dieser Stelle adjektivisch für doppelt und an einem andern Orte für verwandt oder ähnlich gebraucht, indem es den Sokrates auf die Vergleichung eines Brüderpaars mit den Doppelgliedmaßen des menschlichen Körpers leitet, ihm auch Gelegenheit giebt, seine Vermahnung zur brüderlichen Eintracht auf einen aus der Religion abgeleiteten teleologischen Grund zu stützen, vermöge dessen er will, daß zwey Brüder sich als zwey von dem Urheber der Natur selbst zusammengeordnete Gliedmaßen betrachten sollen, die ohne dem Zweck ihres Daseyns entgegen zu streben, nicht disharmonieren, durch Eintracht und gegenseitige Hülfleistung hingegen einander unendlich viel nützen können. Hätte Chärekrates zwey Brüder statt des einzigen gehabt, so hätte freylich dieses ganze auf den griechischen Dualis gegründete Räsonnement nicht statt gefunden, und Sokrates wäre doch wohl in eine kleine Verlegenheit gekommen, wenn jener ihm diesen Einwurf gemacht hätte. Aber er kannte, wie es scheint, seinen Mann, und erwartete von ihm keine Einwendungen dieser Art.
Indessen kann man sich doch mit allem Respekt für den Mann, den die Pythia für den weisesten aller Menschen erklärte, kaum verwehren zu denken, er hätte besser gethan, mit der Versicherung, daß Chärefon zur Versöhnung bereitwillig sey, aufzuhören, als die Spielerey mit Gleichnissen und Antithesen wieder von Vorn anzufangen, und damit am Ende doch nichts mehr zu sagen, als was er schon gesagt hatte, nemlich daß es für Brüder besser sey in Harmonie zu leben als in Uneinigkeit.

5.
Sokrates,
Perikles der Jüngere

Sokrates. Ich habe die beste Hoffnung, lieber Perikles[28] wenn *Du* dereinst eine Feldherrnstelle bey uns erhalten wirst, werde die Republik mit mehr und besserm Erfolg, als zeither, Krieg führen und endlich Meister über die Feinde werden.

Perikles. Das möchte ich wohl wünschen, guter Sokrates; aber wie es zu bewerkstelligen seyn könnte, davon hab' ich keinen Begriff.

Sokrates. Gefällt es Dir daß wir die Sache mit einander überlegen, um zu sehen, ob sie sich vielleicht doch möglich machen ließe?

Perikles. Sehr gern.

Sokrates. Ohne Zweifel ist Dir bekannt, daß die Athener an Anzahl nicht geringer sind als die Böotier?

Perikles. Ich weiß es.

Sokrates. Und wo glaubst Du daß man eine grössere Anzahl von rüstigen und schönen Leuten zusammenbringen könne in Böotien oder Attika?

Perikles. Ich denke, daß wir ihnen auch hierin nichts nachgeben werden.

Sokrates. Und was den guten Willen betrift, auf welcher Seite glaubst du daß sich dessen am meisten finde?

Perikles. Ganz gewiß auf der unsrigen. Denn ein großer Theil der Böotier sind mit den Thebanern, die immer den Meister über sie zu spielen suchen, sehr übel zufrieden. Bey den Athenern sehe ich nichts dergleichen.

---

[28] Der Perikles, mit welchem Xenofon seinen Sokrates sich hier unterhalten läßt, war ein natürlicher Sohn des großen Perikles, der einzige, der ihm, nachdem er seine ehelichen Söhne durch die Pest verlohren hatte, übrig geblieben war, und den die Athener auf sein anständiges Bitten, durch eine Ausnahme von einem Gesetze dessen Urheber er selbst war, in alle Rechte eines ehelichen Sohnes und gebohrnen Bürgers von Athen eingesetzt hatten.

Sokrates. Aber dafür sind die Böotier auch das ehrliebendste und gutherzigste Volk von der Welt, und beydes spornt sie gar mächtig an, für Ruhm und Vaterland alles zu wagen.

Perikles. Auch in diesem Stück ist den Athenern nichts vorzuwerfen.

Sokrates. Und wo wäre wohl ein Volk, das auf größere Thaten seiner Vorfahren stolz seyn könnte als das Unsrige? Dieser Vorzug erhebt viele über das was sie sonst seyn würden, und treibt sie mächtig an, sich brav zu halten und durch Verdienste hervorzuthun.

Perikles. Auch dies ist wie Du sagst, lieber Sokrates. Aber Du siehst, wie seit dem Unfall bey *Lebadeia*[29] , wo Tolmides mit tausend Mann umkam, und seit dem unglücklichen Treffen von Delion unter dem Hippokrates, die Athener in ihrer Meynung von sich selbst gefallen, und unter die Böotier gedemüthigt sind, und wie diesen hingegen der Muth so sehr gewachsen ist, daß sie, die ehemals ohne Beyhülfe der Lacedämonier und übrigen Peloponnesier uns nicht einmal in ihrem eigenen Land entgegen zu gehen sich getrauten, itzt auf ihre eigene Kräfte trotzig genug sind, das unsrige mit einem Einfall zu bedrohen, die Athener hingegen, die sonst ohne fremden Beystand ganz Böotien verheerten, itzt befürchten, daß die Böotier Attika verwüsten werden.

Sokrates. Das alles weiß ich sehr wohl, und eben darauf gründe ich meine Erwartung, daß unsre Bürger einem klugen und tapfern Anführer itzt williger folgen würden als jemals. Denn Muth und Selbstvertrauen erzeugt gewöhnlich Sorglosigkeit, Trägheit und Ungehorsam; Furcht hingegen pflegt die Menschen aufmerksamer, folgsamer und gefügiger zu machen. Zum Beyspiel dessen kann uns die Mannschaft in einem Schiffe dienen. So lange sie keine Gefahr sehen, wollen sie von keiner Ordnung wissen; aber sobald sie einen Sturm besorgen, oder der Feind anrückt, auf einmal werden sie die folgsamsten Menschen von der Welt, thun alles ohne Weigerung was man sie heißt, und passen in tiefster Stille auf die Stimme des

---

[29] Es ist eben dasselbe Treffen, welches nach Thucydides bey Chäronea, und nach Pausanias bey Haliart vorgefallen. Diese drey Orte liegen ziemlich nahe beysammen und das Schlachtfeld mag ungefähr in der Mitte gewesen seyn.

Befehlshabers, wie die Chortänzer auf dem Schauplatz, auf den Wink des Chorführers.

Perikles. Gut; und wenn sie nun auch so willig und lenksam wären als Du sagst, wie wollen wir es dahin bringen, daß der Gedanke an das was sie einst waren, an ihren ehemaligen Heldensinn, Ruhm und Wohlstand, die alte Thatkraft wieder in ihnen aufreitze?

Sokrates. Was müßten wir thun, wenn wir wollten, daß sie z. B. Güter, die ihnen angehört hätten, aber von andern usurpiert würden, wieder zu erlangen suchen sollten? Nicht wahr, wir könnten sie nicht stärker dazu aufmuntern, als wenn wir ihnen vorstellten, daß diese Güter ein von ihren Voreltern an sie vererbtes Eigenthum seyen, welches ihnen von Rechts wegen und ausschließlich zugehöre. Um sie also dahin zu bringen, daß sie sich mit Ernst angelegen seyn lassen, an *Tugend* die ersten unter den Griechen zu seyn, werden wir ihnen vorstellen müssen, daß ihnen *dieser* Vorzug von uralten Zeiten her eigen gewesen, und daß *ihn* wieder erstreben, das unfehlbarste Mittel sey, auch zu ihrer ehmaligen Obermacht wieder zu gelangen.

Perikles. Wie wollen wir sie aber hievon überzeugen?

Sokrates. Ich denke, wenn wir ihnen ihre ältesten Vorfahren ins Gedächtniß zurückrufen, von welchen sie immer gehört haben, daß sie die edelsten und bravsten unter allen Griechen gewesen.

Perikles. Meinst Du etwan den berühmten Götterstreit (zwischen Athene und Poseidon) den sie unter der Regierung des Cekrops durch ihre Klugheit schlichteten?

Sokrates. Auch dies, und überhaupt unsre ganze älteste Geschichte, die Geburt und Erziehung des *Erechteus*, und die Kriege, die sie zu seinen Zeiten gegen alle ihre Nachbarn auf dem festen Lande zu bestehen hatten, den Schutz, den sie den Söhnen des *Herakles* gegen die Peloponnesier angedeihen liessen, und die Kriege, so sie unter Anführung des *Theseus* führten, in welchen allen sie sich immer als die tapfersten Männer ihrer Zeit erwiesen. Und wie viel preiswürdiges könntest Du noch von allem dem sagen, was ihre Nachkommen nicht lange vor unsern Tagen gethan; wie sie es anfangs ganz allein mit einem Feind aufgenommen, der als Herr von ganz Asien sich bereits auch von Europa bis an Macedonien Meister zu machen angefangen, seine Macht weit über ihre vormaligen Grenzen ausgedehnt, und sich immer durch große Thaten ausgezeichnet hatte; und welche herrliche Siege zu Wasser und zu Lande sie gemeinschaftlich mit den Peloponnesiern erfochten;[30] mit Einem Worte, wie ihnen niemand streitig macht, daß sie unter den Menschen ihrer Zeit bey weitem die ersten waren.[31]

Perikles. In diesem Rufe stehen sie allerdings.

Sokrates. Auch wollen wir nicht vergessen, daß, während im übrigen Griechenlande so viele Auswanderungen vorgiengen, *sie* allein in dem Ihrigen blieben; daß viele andere Städte in Rechtsstreitigkeiten, die sie unter einander hatten, sich *ihrem* Ausspruch unterwarfen, und nicht wenige gegen übermächtige Unterdrückung zu *ihnen* ihre Zuflucht nahmen.[32]

Perikles. Da sich dies alles so verhält, so wundre ich mich nur desto mehr, lieber Sokrates, wie unsre Republik in einen solchen Verfall gerathen konnte.

Sokrates. Mich dünkt es sey damit sehr natürlich zugegangen. Sehen wir nicht häufig, daß manche Menschen, eben deswegen, weil sie viel vor andern voraus haben, und sich ihrer Vorzüge und

---

[30] Diese zwey Perioden, worin Sokrates die Großthaten der alten Athener von Cekrops bis zu Themistokles und Cimon, zusammenfaßt, enthalten das Lieblingsthema der Athenischen Redner von Perikles und Isokrates an, bis in die Zeiten Lucians und so lange als noch ein Schatte von dieser merkwürdigsten aller Republiken übrig. Die Athener ließen sich gar zu gerne mit dem was ihre Vorfahren gewesen waren und gethan hatten, unterhalten; man konnte ihre Eitelkeit nicht angenehmer kitzeln: aber wie Sokrates sich einbilden konnte, der Geist und die Tugend ihrer Voreltern könnte durch dieses Mittel wieder in ihnen erweckt werden, ist mir unbegreiflich.

[31] Man kann, ohne der Besonnenheit des guten Sokrates zu nahe zu treten, den Schluß dieser Periode, οι δε και λεγονται, etc. nicht wohl auf die Peloponnesier beziehen, wie Leuenklau und Levesque gethan haben. Ich habe sie also, von Schneiders Autorität unterstützt, auf die Athener bezogen, wiewohl die Einfügung dieser Worte (wenn man ihnen diesen Sinn beylegt) in das Ganze der Periode, so ungewöhnlich hart und gezwungen ist, daß ich ihnen im Deutschen, doch ohne Nachtheil des Sinnes, eine ganz andere Wendung geben mußte, um wenigstens einen erträglichen Schluß der Periode herauszubringen.

[32] Auch diese drey Punkte, welche Sokrates hier noch nachhohlt, hat Isokrates in seiner Panegyrischen Rede nicht vergessen, und nach seiner Art mit vieler attischer Stomylie geltend gemacht.

Kräfte zu sehr bewußt sind, in Sorglosigkeit und Trägheit verfallen, und dadurch zuletzt unvermögend werden, es mit ihren Gegnern aufzunehmen? Eben so, denke ich, ist es den Athenern ergangen. Ihrer großen Vorzüge sicher haben sie sich vernachlässigst, und sind dadurch schlechter worden.

Perikles. Da es nun einmal dahin gekommen ist, was müßten sie thun, um die Männer wieder zu werden, die sie ehemals waren?

Sokrates. Das ist, deucht mich, nicht schwer zu finden. Sie brauchen nur der ganzen Verfassung, Sitte und Lebensweise ihrer Voreltern nachzuforschen, und wenn sie dann den Willen haben eben so wie diese zu *leben,* so werden sie auch nicht weniger *seyn* als sie. Können oder wollen sie das *nicht,* so mögen sie sich wenigstens diejenigen, die itzt die Oberhand haben,[33] zum Muster nehmen, und wenn sie ihre Einrichtungen und Sitten angenommen haben werden, mit gleichem Eifer, wie sie, darüber halten; so werden sie auch *nicht schlechter* seyn als sie, und falls sie sichs noch ernstlicher angelegen seyn lassen wollen, so gar *besser.*

Perikles. Das will so viel sagen, lieber Sokrates, daß unsre Republik in einer fürchterlichen Entfernung hinter dem, was sie seyn sollte, zurück ist. Denn wann werden wir je erleben, daß die Athener das Alter so wie die Lacedämonier ehren werden? sie, die gleich bey ihren Vätern anfangen, die Aeltern zu verachten! Wann werden sie, wie jene, sich mit anstrengenden Leibesübungen beschäftigen? Sie, die nicht nur selbst alles was den Körper stark, kräftig und geschmeidig macht, verabsäumen, sondern derjenigen, die sich damit abgeben, noch spotten? Wann werden sie (wie jene) ihren Vorgesetzten gehorchen, sie, die sogar eine Ehre darin suchen, sich nichts aus ihren Obern zu machen? Wann werden sie in solcher Eintracht leben wie jene? sie, die anstatt einander gute Dienste und Gefälligkeiten zu erweisen, sichs angelegen seyn lassen, einander das Leben auf alle mögliche Weise sauer zu machen, und ihren eignen Mitbürgern noch weniger Gutes gönnen als fremden Leuten! sie, die weder in Familienzusammenkünften noch in den öffentlichen Versammlungen jemals eines Sinnes werden können, ewig in Streitigkeiten und Processen mit einander leben, und lieber auf diese heillose

---

[33] Der Zusammenhang zeigt, daß die Lacedämonier gemeint sind, für welche Xenofons, in einigen Stücken wohlgegründete, Vorliebe bekannt ist.

Weise einer vom andern gewinnen als sich wechselsweise nützlich seyn wollen! Und was werden sie sich das Gemeine Beste anfechten lassen?[34] sie, die Alles Gemeingut als ihr Eigenthum betrachten, sich darum mit einander herumbalgen, und die öffentlichen Aemter nur in so fern schätzen und suchen, als sie dadurch mehr oder weniger Gewalt, den Staat zu plündern, erhalten! *Daher* dann die Unfähigkeit und die Misbräuche aller Art, unter welchen der Staat leidet, und die Mißhelligkeiten und erklärten Feindschaften, die wir unter den Bürgern im Schwange gehen sehen: So daß ich, aller dieser Ursachen wegen, sehr besorge, daß unsrer Republik noch mehr und größeres Unglück bevorstehe, als sie auszuhalten vermögend seyn möchte.

---

[34] Die Ursache warum ich diesen Satz (der im Original nur VIRTUALITER enthalten ist) eingeschoben habe, fällt zu leicht in die Augen, um einer nähern Erklärung zu bedürfen.

Sokrates. Mein lieber Perikles! gieb keinen so niederschlagenden Gedanken Gehör! glaube nicht daß die Athener an einer so unheilbaren Verderbniß krank liegen! Siehst du nicht, welcher scharfen Disciplin sie sich im Seedienste unterwerfen? Wie unweigerlich sie in den gymnastischen Uebungen den Vorstehern gehorchen? wie willig sie in den (festlichen und theatralischen) Chören sich von den Meistern unterrichten und zu rechte weisen lassen?

Perikles. Seltsam genug, daß solche Leute sich so gut zur Subordinazion bequemen, unsre *Hopliten* und *Ritter* hingegen, die sich die vorzüglichsten unter den Bürgern dünken,[35] gerade die ungehorsamsten und widerspänstigsten sind.

Sokrates. Aber der Senat im *Areopagos*, besteht er nicht aus den vorzüglichsten und auserlesensten Bürgern?[36]

Perikles. Allerdings.

Sokrates. Kennst Du einen Gerichtshof, dessen Urtheile gewissenhafter, gesetzmäßiger und gerechter wären, und der sich überhaupt in allen seinen Handlungen mit mehr Anstand und Klugheit benähme, als dieser?

Perikles. Ich habe nichts an ihnen auszusetzen.

Sokrates. Wir wollen also an den Athenern noch nicht verzweifeln, als ob sie ganz und gar keiner Ordnung und keines gehörigen Betragens fähig wären.

Perikles. Das Schlimmste ist nur, daß sie gerade im Kriegsdienst, wo ein gesetztes verständiges Betragen und Disciplin und genaue Vollziehung der Befehle der Obern am unentbehrlichsten sind, sich um alles das am wenigsten bekümmern.

Sokrates. Vielleicht liegt die Schuld bloß daran, daß man ihnen so oft Befehlshaber giebt, die den Dienst selbst nicht verstehen, und nicht wissen was und wie sie befehlen sollen. Siehst Du nicht, daß Niemand sich einfallen läßt, den Zitherspielern, Tänzern und Chorsängern, oder den Fechtern und Pankraziasten vorstehen zu wollen,

---

[35] Das schwerbewaffnete Fußvolk und die Reuterey bestanden immer aus den edelsten, angesehensten und vermöglichsten Bürgern.

[36] Er wurde bekannter maßen, bloß aus den abgehenden jährlichen Archonten besetzt.

wenn er sich nicht auf ihre Kunst versteht; da ist keiner, der nicht den Meister nennen könnte, bey welchem er die Kenntnisse erlernt hat, die zu dem Geschäfte, dem er vorsteht, erfodert werden: unsre Feldherren hingegen sind es größtentheils aus dem Stegreif, ohne sich zu einem so wichtigen Geschäfte im geringsten vorbereitet zu haben. Von Dir, lieber Perikles, habe ich eine bessere Meynung; ich denke Du kannst eben so leicht sagen, von wem Du ein Kriegsheer anzuführen, als bey wem Du fechten gelernt hast. Ganz gewiß hast Du nicht nur eine Menge zur Kriegskunst erforderliche Kenntnisse Deinem Vater abgelernt, und zu künftigem Gebrauch zurückgelegt, sondern Dir auch alle andern Gelegenheiten zu Nutze gemacht, wo etwas zu diesem Zwecke dienliches zu sehen und zu lernen war. Ich glaube daß es eine Deiner angelegensten Sorgen ist, Dich hierin nicht selbst zu täuschen und zu verhüten, daß Dir nicht gegen Deine Meynung vieles unbekannt bleibe, was einem Befehlshaber im Kriege zu wissen nöthig und nützlich ist, und daß Du, sobald Du merkest daß Dir dieses oder jenes noch abgehe, Dich bey den Kunsterfahrnen darnach erkundigest, und weder Geld noch gute Worte sparest, um von ihnen zu lernen, und Dir tüchtige Gehülfen an ihnen zu verschaffen.

Perikles. Ich sehe sehr gut, bester Sokrates, warum Du dies alles sagst, wiewohl Du mir schwerlich zutrauest, daß ich mir bisher so viele Mühe gegeben haben sollte. Deine Absicht ist bloß mich zu belehren, daß einer, der sich einst um eine Befehlshaberstelle bey der Armee zu bewerben gedenkt, sich auf diese Weise dazu vorbereiten müsse.

Sokrates. Ich will Dir's nur gestehen, weil Du mich selbst so gut verstanden hast. Aber (um von was anderem zu reden) hast Du nie die Bemerkung gemacht, Perikles, daß zwischen Attika und Böotien einige große Berge liegen, über welche man nicht anders als durch sehr enge und steile Hohlwege in unser Land kommen kann, und daß uns also dieser Berggürtel, womit wir umgeben sind, zu einer natürlichen Schutzwehre dient?

Perikles. Das ist mir allerdings bekannt.

Sokrates. Solltest Du nicht etwa auch gehört haben, daß die Mysier und Pisidier, welche eben dergleichen bergichte und unzugangbare Gegenden im Lande des Königs inne haben[37] und, wiewohl sie nur leichte Waffen führen, den angrenzenden Ländern des Königs durch ihre häufigen Einfälle großen Schaden thun, und sich selbst immer unabhängig erhalten haben.

Perikles. Auch das höre ich.[38]

Sokrates. Meinest Du also nicht auch, unsre jungen Leute, die, bis sie zu einem rüstigern Alter kommen, nur leicht bewafnet werden, könnten, wofern sie die vor unserer Landschaft liegenden Berge besetzten, den Feinden vielen Schaden zufügen, und den Bürgern auf dem Lande zu einer starken Brustwehr dienen?

Perikles. Ich bin überzeugt, lieber Sokrates, dies würde von großem Nutzen seyn.

Sokrates. Wenn Dir denn also meine Vorschläge gefallen,[39] mein Bester, so laß Dir angelegen seyn, sie ins Werk zu setzen. Was Du

---

[37] Die Athener pflegten den König von Persien den großen König, oder auch schlechtweg den König zu nennen; vermutlich weil er damals der einzige König war, vor dem sie sich fürchteten. Gleichwohl konnte ihnen dieser große König mit aller seiner Größe nichts anhaben. Hingegen ließen sie sich nichts davon träumen, daß in weniger als 80 Jahren ein kleiner König von Macedonien der Freyheit der Griechen, und bald darauf dessen Sohn dem großen Perserreich selbst ein Ende machen werde.

[38] Vermuthlich itzt zum ersten Mahle.

[39] Was ich durch Vorschläge gegeben habe, wird im Griechischen zwar nur durch das unbestimmte ταυτα (wie den Griechen und besonders dem Xenofon sehr gewöhnlich ist) angedeutet; aber dieses ταυτα kann hier nichts anders heißen. Der französische Uebersetzer läßt den Sokrates sagen: SI CES PROJECTS VOUS PLAISENT; und übersetzt das folgende, ο τι μ.γ.α. τουτων καταπραξης, durch: QUAND UN SEUL REUSSIROIT. Es ist aber in diesem Dialog nur von einem einzigen Projekte die Rede, nehmlich, daß die Athener die hohen Berge und engen Pässe zwischen Böotien und Attika durch ihre junge Mannschaft besetzt halten sollten. Sokrates hätte sich also nicht so, wie er wirklich thut, ausdrücken können, wenn er nicht unter ταυτα auch zugleich alles verstanden hätte, was er dem jungen Perikles über die Mittel, sich zu seiner künftigen Bestimmung tüchtig zu machen, gesagt hatte. Diese in Ausübung zu bringen, hieng gänzlich von ihm ab; ob aber das Projekt, dessen Sokrates zuletzt erwähnt, ausgeführt werden sollte, kam nicht auf ihn, sondern auf einen Volksbeschluß an. Daß indessen von diesem guten Rathe des Sokrates (der, wie Pauw in seinen RECHERCHES SUR LES GRECS sehr richtig bemerkt hat, allein schon hinlänglich gewesen wäre die Republik zu retten) kein Gebrauch gemacht worden, erhellet daraus, daß die Spartaner, auf Anrathen des zu ihnen

davon ausführen wirst, wird Dir zum Ruhm und der Republik zum Nutzen gereichen: und sollte auch der Erfolg Deinem guten Willen nicht entsprechen, so wirst Du wenigstens nicht durch Deine Schuld weder Deinem Vaterlande Schaden, noch Dir selbst Schande zugezogen haben. [40]

übergegangenen Alcibiades, sich im vierten Jahre der 91sten Olympiade des Bergstädtchens Decelia, an der nordöstlichen Grenze von Attika ohne Widerstand bemächtigten und vermittelst Befestigung desselben und einer darin unterhaltenen Besatzung, sich von eben diesen Bergen und Pässen von welchen Sokrates spricht, und die von den Athenern mit der unbegreiflichsten Sorglosigkeit vernachlässigt worden waren, Meister machten. Uebrigens bemerke ich hier noch, daß eine kleine Aufmerksamkeit auf Zeit und Umstände, diejenigen, welche voraussetzen daß Perikles schon zur Zeit, da gegenwärtiges Gespräch gehalten worden, oder wenigstens bald darauf, zum Feldherrn ernannt gewesen sey, des Gegentheils hätte überzeugen können. Denn es ist klar, daß dies Gespräch vor der Ueberrumpelung von Decelia, und also wenigstens acht Jahre vorher, ehe Perikles einer von den zehen Strategen war, die den Kallikratidas bey den Arginussischen Inseln schlugen, vorgefallen seyn muß, – wofern es anders wirklich vorgefallen ist. Denn ich halte es nicht für unmöglich, daß es von Xenofon bloß in der Absicht erdichtet worden seyn könnte, um den Athenern einige derbe Wahrheiten zu sagen, und ihnen besonders den Unverstand vorzurücken, womit sie die zur Sicherheit ihres eigenen Landes unentbehrlichsten Maßregeln vernachlässigten, während sie sich auswärts den ausschweifendsten Eroberungs-Projekten überließen. In der That wäre diese Nachlässigkeit um so unverantwortlicher gewesen, wenn Sokrates dem jungen Perikles (der, allem Anschein nach, als einziger Sohn und Erbe des großen Perikles, schon damals in einigem Ansehen in der Republik stand, und sich bereits um die öffentlichen Angelegenheiten bekümmerte), einen Vorschlag dieser Art gethan hätte, ohne daß die geringste Reflexion darauf gemacht worden wäre; da doch Perikles, aller Wahrscheinlichkeit nach, nicht ermangelt haben würde, denselben, so viel in seinem Vermögen war, geltend zu machen.

[40] Es scheint nicht daß dieser jüngere Perikles, wiewohl es ihm an guten Sitten nicht gefehlt haben mag, Genie und Thätigkeit genug gehabt habe, eine bedeutende Rolle in seiner Republik zu spielen; die aber auch damals in einem so hohen Grade verdorben und durch ihre eigene Schuld in einer solchen Lage war, daß man mit der größten Wahrheit von ihr sagen konnte:
– IPSA, SI CUPIAT, SALUS
SERVARE PRORSUS NON POTERIT HANC FAMILIAM.
Alles was man von ihm weiß, ist, daß er einer von den zehen Feldherren war, die im 3ten Jahre der 93ten Olympiade einen nahmhaften Sieg bey den Arginussen, ohnweit des Vorgebirgs Malea in Lesbos über eine zuvor siegreiche Spartanische Flotte erfochten, aber weil verschiedene unglückliche Zufälle (ohne ihre Schuld, wie es scheint) die von diesem Sieg erwartete Vortheile zu Wasser machten, von

den Athenern dafür verantwortlich gemacht, und auf eine sehr illegale und tumultuarische Art zum Tode verurtheilt wurden; wovon die nähern Umstände von Xenofon im 1. B. seiner Hellenischen Geschichte, und im 13. B. des Diodor von Sicilien umständlich erzählt werden.

6.
Sokrates
und Glaukon

Der junge *Glaukon*, ein Sohn *Aristons* (und *Platons* Bruder) hatte sich in den Kopf gesetzt, sich, wiewohl er das zwanzigste Jahr noch nicht erreicht hatte, in den Volksversammlungen öffentlich hören zu lassen, und mit aller Gewalt die Republik regieren zu helfen. Seine Verwandten und Freunde hatten alles mögliche gethan ihm diese thörichte Grille auszureden; man hatte ihn lächerlich gemacht, hatte ihn sogar mit Gewalt von der Rednerbühne herabgerissen; aber alles vergebens. Endlich machte auch Sokrates, der ihm seines Vetters *Charmides* und seines Bruders Platons wegen wohl wollte, sich an ihn, und diesem allein gelang es, so viel über ihn zu gewinnen, daß er aus eigener Ueberzeugung von seinem unzeitigen Vornehmen abließ.

Das Schwierigste bey der Sache war, den jungen Glaukon dahin zu bringen, daß er ihm Stand hielt. Die dem Sokrates eigene Art von *Ironie* war hier das beste Mittel. Da er also einst eine Gelegenheit, an ihn zu kommen, fand, leitete er das Gespräch folgendermaßen ein.

Sokrates. Ich höre, lieber Glaukon, Du bist gesonnen Dich an das Steuerruder unsrer Republik zu stellen?

Glaukon(*zuversichtlich*). Das bin ich allerdings gesonnen, guter Sokrates.

Sokrates. Es ist unstreitig das edelste Geschäfte, dem ein Mensch sich unterziehen kann. Gelingt es Dir, so hast Du nicht nur in Deiner Gewalt, alle Deine Wünsche für Dich selbst zu befriedigen; Du bist auch im Stande Deinen Freunden nützlich zu seyn, Dein väterliches Haus in die Höhe zu bringen, und die Macht Deines Vaterlandes zu vergrößern. Du wirst Dir zuerst in *unserer* Republik einen großen Nahmen machen, dann in der ganzen Hellas, ja vielleicht, wie Themistokles, sogar unter den Barbaren; und wo Du Dich zeigen wirst, werden aller Menschen Augen auf Dich geheftet seyn.

Diese Anrede that ihre Wirkung. Der junge Mensch, dessen Eitelkeit so angenehm gekitzelt wurde, warf sich in die Brust, und fand zu viel Belieben an einer solchen Unterhaltung, um ans Weggehen zu denken. Sokrates fuhr also fort:

Sokrates. Denkst Du nicht auch, lieber Glaukon, daß Du, wenn die Republik Dich zu hohen Ehren befördern soll, Dich um sie verdient machen müssest?

Glaukon. Das versteht sich.

Sokrates. So mach uns, wenn ich bitten darf, kein Geheimniß daraus wie Du es anzugreifen gedenkest, und was die erste Wohlthat seyn wird, womit Du Dir die Republik verbindlich machen willst?

(Glaukon stutzte über diese Frage und sah aus, als ob er eine Antwort suche, und sie nicht gleich finden könne.)

Sokrates. Wenn Du das Hauswesen eines Deiner Freunde in einen blühenden Stand setzen wolltest, würdest Du Dich bemühen ihn reicher zu machen. Das nehmliche gilt ohne Zweifel auch von der Republik; Du wirst sie reicher zu machen suchen, nicht wahr?

Glaukon. Allerdings!

Sokrates. Wird sie nicht reicher werden, wenn sich ihre Einkünfte vermehren?

Glaukon. Das kann nicht fehlen.

Sokrates. Woher, wenn ich fragen darf, zieht unsre Republik ihre *Einkünfte,* und wie hoch belaufen sie sich? Denn es ist kein Zweifel, daß Du Dich darnach erkundigst hast, damit Du, im Fall einige derselben sich etwa vermindert haben sollten, das *Deficit* ausfüllen, und wofern einige gar ausfielen, sie wieder gangbar machen könntest.

Glaukon. Nein, *ma Dia!* darnach hab' ich mich noch nicht erkundiget.

Sokrates. Wenn Du also diesen Artikel noch übergangen hast, so nenne mir wenigstens die *Ausgaben* der Republik. Denn ich zweifle keinen Augenblick, Du denkest bereits darauf, wie Du alle überflüßigen Ausgaben einziehen wollest.

Glaukon. Auch *darauf* hab ich, bey Gott! noch nicht Zeit gehabt zu denken.

Sokrates. Wir wollen also den Gedanken, die Stadt reicher zu machen, vor der Hand noch bey Seite legen. Denn wie sollte einer damit zu Stande kommen können, dem nicht einmal die Ausgaben und die Einkünfte bekannt sind?

Glaukon. Aber, mein guter Sokrates, Du scheinst vergessen zu haben, daß man den Staat auch auf Unkosten der *Feinde* bereichern kann.

Sokrates. O gewiß kann man das, wenn man der Stärkere ist; wäre man aber etwa der schwächere Theil, so dürfte man auf diesem Wege leicht um sein Eigenes kommen, anstatt dem Feind etwas abzujagen.

Glaukon. Da hast Du Recht.

Sokrates. Meinst Du also nicht, wenn die Frage im Staatsrath ist, *mit wem* man Krieg führen soll? müsse einer, der darüber stimmen will, die Stärke und Schwäche unseres Staats sowohl als unsrer Gegner genau kennen; damit er, je nachdem entweder *wir* oder *sie* die Schwächern sind, im letztern Fall zum Krieg, im erstern zu vorsichtigen Maaßregeln rathen könne?

Glaukon. Das ist allerdings meine Meinung.

Sokrates. So sage mir, worin besteht dermahlen unsre Kriegsmacht zu Wasser und zu Lande? Und wie hoch mag sich wohl die beyderseitige Macht unsrer Gegner belaufen?

Glaukon. Das kann ich Dir *ma Dia!* nicht so aus dem Kopfe hersagen.

Sokrates. So hast Du es ohne Zweifel schriftlich. Auch gut, gieb her! Ich möcht es gar zu gern wissen.

Glaukon. *Ma Dia!* Ich hab' es auch nicht schriftlich.

Sokrates. Nun so sey es dann! Wir wollen uns diesemnach mit der Berathschlagung über Krieg und Frieden nicht übereilen. Du hast wahrscheinlich, da Du Dich noch so kurze Zeit mit der Staatsverwaltung abgiebst, einer so wichtigen Sache noch nicht auf den Grund kommen können. Aber dafür bin ich gewiß, daß Du für die nöthige *Sicherheit unsers Landes* gesorgt hast; Du weißt genau wie viele und welche Oerter dermahlen zu besetzen rathsam ist und welche nicht; angleichen wie viel Mannschaft dazu hinlänglich seyn dürfte; und Du hilfst dazu rathen, daß die zweckmäßigen Besatzungen vermehrt, die unnöthigen hingegen eingezogen werden?

Glaukon. Was das betrifft, ich ziehe sie, bey Gott! alle ein, so viel ihrer sind; denn sie bewachen uns so, daß im ganzen Lande nichts mehr vor ihren langen Fingern sicher ist.

Sokrates. Wenn Du sie aber wegnimmst, sind wir dann nicht jedem, der uns plündern will, Preis gegeben? Und überdieß, bist Du etwa selbst an Ort und Stelle gewesen, und hast die Sache untersucht? oder woher weißt Du, daß unsre Garnisonen sich so übel aufführen?

Glaukon. Ich habe meine Ursachen es zu vermuthen.

Sokrates. Wenn das ist, so wollen wir diesen Artikel wieder vornehmen, wenn wir nicht länger *vermuthen*, sondern *wissen* – was wir wissen sollen.

Glaukon. Ich glaube selbst es werde so besser seyn.

Sokrates. Daß Du nie in unsre *Silberbergwerke* gekommen bist, weiß ich; und daß Du mir also nicht sagen kannst, woran es liegt, daß sie itzt weniger Ausbeute geben als ehemals.

Glaukon. Ich gestehe, daß ich noch nicht dahin gekommen bin.

Sokrates. Die Luft soll freilich dort sehr ungesund seyn; und das kannst Du auch zu Deiner Entschuldigung anführen, wenn diese Materie im Senat zur Sprache kommt.

Glaukon. Wollen sehen was zu thun ist.

Sokrates. Aber Eins, das weiß ich, hast Du gewiß nicht verabsäumt. Unfehlbar hast Du Dich erkundiget, wie lange das *Getreide*, so in unserm Lande gebaut wird, hinreichend ist die Stadt zu ernähren, und wie viel sie dessen für ein ganzes Jahr nöthig hat; damit nicht etwa der Fall eintreten könne, daß es der Stadt unversehens an Brot fehle, sondern daß Du, mittelst Deiner hierüber erlangten Kentnisse und Deines darauf gegründeten Rathes, im Stande seyst, sie immer gehörig zu versorgen, und dem Unheil, das aus Theurung und Mangel entstehen würde, zuvorzukommen.

Glaukon. Wahrlich, da hätte einer viel zu thun, wenn er sich auch um solche Dinge bekümmern müßte!

Sokrates. Gleichwohl ist Niemand im Stande seinem eigenen Hauswesen wohl vorzustehen, wenn er nicht alle Bedürfnisse desselben kennt, und in Zeiten dafür sorgt, das Benöthigte herbey zu schaffen. Da nun die Stadt aus mehr als zehen Tausend Haushaltungen besteht, und es so schwer ist, für so viele auf einmahl zu sorgen: wie kommt es, daß Du, für den Anfang, nicht wenigstens unternimmst, das Haus *Deines Oheims* in Aufnahme zu bringen, das dessen sehr benöthigt wäre? Wärest Du erst mit diesem zu Stande gekommen, dann würdest Du bey mehrern Hand anlegen. Kannst Du aber nicht einmahl einem einzigen helfen, wie wolltest Du für so viele sorgen können? Wer nicht im Stande ist Einen Zentner zu tragen, sollte sich doch nicht einfallen lassen, mehrere tragen zu wollen?

Glaukon. Die Umstände meines Oheims sollten sich schon lange gebessert haben; wenn er mir nur *folgen* wollte.

Sokrates. Wie? Du vermagst nicht so viel über Deinen Oheim, daß er sich von Dir rathen läßt, und Du bildest Dir ein, Du wollest alle Athener und Deinen Oheim oben drein dahin bringen können, daß sie sich von Dir regieren lassen: Nimm Dich in Acht, lieber Glaukon, daß Deine Begierde nach Ruhm Dich nicht auf einen Weg bringe, der zum Gegentheil führt! Siehst Du nicht wie mißlich es ist, von Sachen zu reden, die man nicht kennt, und Dinge zu unternehmen, wovon man nichts versteht? Gieb auf diejenigen Acht, die sich in diesem Fall befinden (und deren wir nur zu viele haben). Ziehen sie sich Lob oder Tadel zu? Werden sie bewundert oder verachtet? Beobachte dagegen diejenigen, welche wissen was sie reden und was sie thun; ich müßte mich sehr irren, oder Du wirst in allen Arten von Geschäften finden, daß die Leute, von denen man mit Beyfall und Hochachtung spricht, immer zu den Sachverständigen, die hingegen, die in schlechtem Kredit stehen und verachtet werden, zu den Unwissendsten gehören. Wenn es Dir also darum zu thun ist, ein angesehener und bewunderter Mann in der Republik zu werden, so laß Dir vor allem angelegen seyn, Dir über die Dinge, womit Du Dich beschäftigen willst, zuvor hinlängliche Kenntnisse zu erwerben. Wenn Du es den andern hierin zuvorthust, und Dich alsdenn erst mit den Angelegenheiten der Republik abgiebst, dann soll es mich nicht wundern, wenn Du, ohne große Mühe, alles was Du begehrst, erlangen wirst.

So närrisch uns die Wuth eines kaum neunzehnjährigen Jüng-lings, sich des Staatsruders seiner Republik je bälder, je lieber zu bemächtigen, vorkommen muß, so war doch das, wornach der eitle, vermessene und von sich selbst eingenommene Glaukon trachtete, in einer *Demokratie*, wie die *Athenische* nach dem Tode des großen Perikles war, weder etwas unmögliches, noch selbst etwas unwahr-scheinliches. Nicht wenige seines gleichen (nur nicht so sehr jung; denn davon hat man schwerlich ein Beyspiel) hatten das nehmliche versucht, und es war ihnen, eine Zeitlang wenigstens, geglückt. Athen hatte der unwissenden Volksredner und der Feldherren aus dem Stegreif (wie Sokrates sie in dem Gespräche mit dem jüngern Perikles nennt) nur zu viele. Die unbändige Ungeduld des milch-bärtigen Knaben, sich an der Spitze einer Republik zu sehen, wo er beynahe lauter Mitbewerber seines Gelichters vor sich hatte, ist es also nicht, was mich hier am meisten wundert: aber *darüber* wundre ich mich, daß dieser junge Glaukon, Aristons Sohn, Platons Bruder, aus einer der ehrwürdigsten Familien von Athen, und ohne Zweifel so gut als irgend einer seiner Klasse erzogen, zu aller seiner Unwis-senheit noch so schrecklich *dumm* und *unbehülflich* gewesen seyn sollte, als er in diesem Gespräch erscheint. Ich bin daher geneigt zu glauben, daß es unter diejenigen gehöre, welche größtenteils auf Xenofons eigene Rechnung geschrieben werden müssen. Die Veran-lassung dazu mag historisch wahr seyn. Xenofon wußte daß Sokra-tes den jungen Glaukon von seiner voreiligen Regiersucht geheilt habe; aber daß er bey dem Gespräche, das hierüber zwischen Sokra-tes und Glaukon vorgefallen, selbst zugegen gewesen sey, ist sehr unwahrscheinlich. Er ist also in der Erzählung dieser Anekdote mehr Dichter als Referent. Er stellt sich, der genauen Kenntniß, die er von seinem Meister und Freunde hatte, zu Folge, vor, wie Sokra-tes wahrscheinlich bey dieser Gelegenheit mit dem jungen Men-schen zu Werke gegangen sey, und läßt ihn seinem Karakter und seiner eigenthümlichen Manier gemäß reden: den Glaukon hinge-gen immer im Karakter eines unwissenden, albernen und unbeson-nenen Gecken antworten, weil der Kontrast, der daraus entsteht, einen so lächerlichen Effekt macht, daß der ganze Dialog eine sehr gute Scene in einer Aristofanischen Komödie abgeben könnte.

7.
Sokrates und Charmides

Charmides, ein Sohn Glaukons (eines Bruders von *Periktione*, der Mutter Platons, und des im vorhergehenden Gespräche figurierenden jüngern Glaukons) war, sowohl was die persönlichen Eigenschaften als den Hang zur Demagogie betrift, ein ausgemachter Antipode seines Vetters. Er war (wie Xenofon sagt) ein Mann von ausgezeichnetem Werth und mit den Fähigkeiten und Kenntnissen, die zu einem tüchtigen Staatsmann erfoderlich sind, ungleich besser versehen, als alle, die sich damahls mit den Geschäften der Republik abgaben; aber er konnte sich nicht entschließen in den Volksversammlungen öffentlich aufzutreten, und sich um eine Stelle in der Staatsverwaltung zu bewerben. Ausser dem Nachtheil, der für das gemeine Wesen daraus entstand, daß es solcher Gestalt der guten Dienste eines der besten und tauglichsten Bürger entbehren mußte, mochte vermuthlich auch die Familie des Charmides, welche (wie Sokrates in dem vorhergehenden Gespräch andeutet) ziemlich herunter gekommen war, seinen Widerwillen gegen eine Laufbahn, die in Republiken zu Ansehen und Reichthum zu führen pflegt, aus Privatrücksichten sehr ungern sehen, und sich deswegen an den Sokrates, als einen Freund vom Hause, gewandt haben. Wie dem auch seyn mochte, genug, Sokrates fand sich bewogen einen Versuch zu machen, ob er ihn über diesen Punkt auf andere Gedanken bringen könne, und es entstand daraus (wenn anders Xenofon hier nicht wieder den Dichter gemacht hat) folgendes Gespräch[41] .

---

[41] Es scheint mir sehr wahrscheinlich, daß Xenofon bey dieser Unterredung zwischen Sokrates und Charmides so wenig als bey der Vorigen mit dem jungen Glaukon, in Person zugegen gewesen sey. Gespräche dieser Art pflegen nur unter vier Augen geführt zu werden. Xenofon konnte zwar den Hauptinhalt und Zweck des gegenwärtigen gar wohl von dem einen oder andern der beyden Interlokutoren erfahren haben, aber daß wenigstens die Antworten des Charmides, gänzlich auf seine Rechnung kommen, scheint mir ausser allem Zweifel zu seyn. Wenn Charmides der Mann war, für den er hier gegeben wird, so konnte er, wofern er nicht im Schlaf sprach, die beyden ersten Fragen des Sokrates (auf denen das ganze Gespräch sich dreht) unmöglich so beantworten, wie ihn Xenofon antworten läßt, und wie allenfalls nur ein so unbesonner Gecke wie der junge Glaukon, hätte antworten können. Aber Xenofon, dem es in

Sokrates. Sage mir, lieber Charmides, wenn Einer alles hätte, was erfordert wird um eine Siegeskrone in einem unsrer öffentlichen Kampfspiele zu erringen, und dadurch nicht nur sich selbst einen Nahmen zu machen, sondern auch seinem Vaterlande einen größern Glanz in der ganzen Hellas zu verschaffen, und dieser Mann *wollte nicht* kämpfen, was würdest Du von ihm sagen?

Charmides. Was anders, als daß er ein weichlicher feiger Mensch sey.

Sokrates. Und wenn nun Einer wäre, der, wenn er sich mit den Angelegenheiten der Republik beschäftigen wollte, dem Staat die wichtigsten Dienste thun und sich selbst Ruhm und allgemeine Achtung erwerben würde, wenn dieser Mann sich dazu nicht entschließen könnte, würde man nicht mit Recht eben das von ihm urtheilen, was *Du* von jenem?

Charmides. So scheint es. – Aber warum sagst Du das *mir*, Sokrates?

Sokrates. Weil ich zu sehen glaube, daß Du mit der entschiedensten Fähigkeit Dich scheuest an den öffentlichen Geschäften Theil zu nehmen, da Du Dich doch als Staatsbürger dazu verpflichtet halten solltest.

Charmides. Und was für Proben hast Du denn von meiner Fähigkeit, daß Du so von mir urtheilest?

Sokrates. Ich bedarf dazu keiner andern Proben, als derjenigen, die Du im Umgang mit unsern Staatsmännern ablegst. Wenn sie über die Geschäfte mit Dir sprechen, so sehe ich daß Du ihnen immer verständig rathest, und, wenn sie auf einem unrechten Wege sind, sie gehörig zu recht weisest.

---

den Memorabilien bloß um seinen Sokrates zu thun ist, behandelt die Andern, mit welchen er ihn zusammen bringt, bloß als eine Art von stummen Personen, die entweder gar nichts zu sagen haben, oder doch nur darum da sind, seinem Helden entweder alles was er will, einzugestehen, oder ihm durch einen Widerspruch, den sie nicht zu behaupten wissen, zu einem desto größern Triumf Gelegenheit zu geben. Die Kunst des Dialogs muß man also nicht von Xenofon, wenigstens nicht aus den Gesprächen in seinen Memorabilien lernen wollen.

Charmides. Seine Meinung in Privatgesellschaften sagen, und sie vor einer großen Versammlung ausfechten müssen, ist nicht Eben-dasselbe.

Sokrates. Ich sollte meinen, wer rechnen kann, rechnet in einer großen Versammlung nicht schlechter als allein, und wer *ohne Zuhö-rer* am besten auf der Zither spielt, wird auch den Preis davon tra-gen, wenn er sich *öffentlich* hören läßt.

Charmides. Du wirst doch nicht in Abrede seyn wollen, daß Scham und Furcht unter die dem Menschen angebohrnen Regungen gehören, und daß wir in großen Versammlungen nicht so leicht Meister über sie werden können als in Privatgesellschaften.

Sokrates. Meine Absicht aber ist Dich zu überführen[42] , daß Du, dem der Respekt vor den Klügsten den Mund nicht verschließt, und dem die Stärksten keine Furcht einjagen, nur vor den Unverstän-digsten und Schwächsten zu reden keinen Muth hast. Oder wer sind denn eigentlich die Leute, vor denen Du Dich zu reden schämst? Sind es die Tuchscherer und Walker, oder die Schuster, oder die Zimmerleute, oder die Schmiede, oder die Landwirthe, oder die Handelsleute, oder die Höken auf dem Markte, deren gan-ze Weisheit darin besteht, was sie möglichst wohlfeil eingekauft haben, uns so theuer als möglich wieder zu verkaufen? Denn aus diesen allen besteht denn doch im Grunde die Volksgemeine.[43]

---

[42] Es fehlt dieser ganzen Stelle, von den Worten και τοι σε γε bis zu εκ γαρ τουτων u.s.w. nicht nur an der gewöhnlichen Xenofontischen Concinnität, sondern es scheint mit dem Sinne selbst wenigstens was die Klarheit und Ungezwungenheit der Gedankenverbindung betrifft, im Text nicht ganz richtig zu seyn. Ich kann aber nicht sehen, daß der Sache durch die von den neuesten Auslegern vorgeschlagenen Veränderungen geholfen werde; am allerwenigsten dünkt mich, daß die Worte και τοι σε γε διδαξων ωρμημαι, wenn man sie dem Charmides giebt, sich so gut an die vorgehende Rede desselben anschmiegen, wie Hr. Weiske meint. Ich habe mich also, nach dem Beyspiel des Hrn. Levesque an die gewöhnliche Lesart gehalten, und ihr den Sinn gegeben, den sie haben muß, wenn sie nicht gar keinen haben soll.

[43] Es ist schon von Andern erinnert worden, daß Aelian in seinen VAR. HISTOR. ein ähnliches Gespräch, das zwischen Sokrates und dem jungen Alcibiades vorgefallen seyn soll, anführt; welches (wie Hr. Weiske in seiner Uebersetzung der Memorab. bemerkt) das Hauptargument, wodurch Sokrates den Charmides von seiner Furcht vor dem öffentlichen Reden zu heilen sucht, einleuchtender (und ich setze hinzu sinnreicher und der genialischen Laune des Sokrates

Und worin läge denn der Unterschied zwischen dem, was Du thust, und einem trefflichen Ringer oder Fechter, der sich fürchtete seine Geschicklichkeit vor Unwissenden sehen zu lassen? Du sprichst mit der größten Leichtsinnigkeit in Gegenwart der ersten Männer im Staat, unbekümmert darum, daß einige von ihnen Dich über die Achseln ansehen, und sprichst um vieles besser als alle unsre Volksredner von Profession; und vor Leuten, die sich nie auf politische Dinge gelegt haben und weit entfernt sind Dich zu verachten, scheuest Du Dich zu reden, aus Furcht von ihnen ausgelacht zu werden. (Ist das nicht widersinnisch?)

Charmides. Wie? Hast Du denn noch nie wahrgenommen, was doch oft genug geschieht, daß auch solche, die verständig gesprochen haben, in der Volksversammlung ausgelacht werden?

Sokrates. Thun das etwa die andern, mit denen Du den meisten Umgang hast, nicht auch? Wahrhaftig, ich kann mich nicht genug über Dich wundern, wie Du, der sich so wenig aus den Spöttereyen der bedeutendsten Männer macht und sie so gut abzufertigen weiß, Dir in den Kopf setzen kannst, Du seyest nicht im Stande, es mit einem Haufen gemeiner ungelehrter Leute aufzunehmen. Verkenne Dich selbst nicht so, mein Bester, und falle nicht in den Fehler, den so viele begehen, indem sie sich mit größtem Eifer bemühen, in andrer Leute Angelegenheiten klar zu sehen, und darüber versäumen, sich selbst recht zu erforschen. Weg also mit dieser Indolenz! Laß Dir vielmehr angelegen seyn, Dich mit Deinem eigenen Werth besser bekannt zu machen, und vernachläßige die Republik nicht, wenn es möglich ist, etwas dazu beyzutragen, daß es besser mit ihr

---

angemeßner) darstellt als das Xenofontische. – »Nicht wahr, (läßt Aelian den Sokrates zu seinem Liebling sagen) vor dem Schuster Skytofron dort scheuest Du Dich nicht? – Auch nicht dort vor dem Marktdiener N. N.? – Aber etwa vor dem Zeltschneider Simalion? – Und da Alcibiades lachend immer mit Nein antwortet: Nun dann, sagt Sokrates, aus solchen respektabeln Personaschen besteht dann gleichwohl das Athenische Volk, das Dir so furchtbar ist.« – Uebrigens ist die Anekdote, welche Aelian erzählt, mit der Xenofontischen ohne Zweifel Einerley, und er hat sich, da er sie vermuthlich bloß aus seinem Gedächtniß abschrieb, nur in dem Nahmen geirrt, und statt des wenig bekannten Charmides, einen andern jungen Freund des Sokrates genannt, der jedermann bekannt ist. Denn daß der eitle, verwegene, sich selbst alles zutrauende und alles erlaubende Alcibiades jemahls einer solchen Aufmunterung nöthig gehabt haben sollte, läßt sich ohne Ungereimtheit gar nicht denken.

werde. Steht es nur erst um das gemeine Wesen gut, so kann es nicht fehlen, daß nicht nur für die übrigen Bürger, sondern auch für Deine Freunde und Dich selbst nicht geringe Vortheile daraus erwachsen werden.[44]

---

[44] Ob Sokrates seine Absicht durch diese Vorstellungen erreicht habe, ist unbekannt. Wenigstens macht Charmides in der Geschichte dieser Zeit keine hervorstechende Figur. Alles was man von ihm weiß, ist, daß er einer von den Zehenmännern (oder zehen Archonten) war, die während der revoluzionären Regierung der sogenannten dreyßig Tyrannen, zu Oberbefehlshabern über die Stadt und den Hafen Piraios gesetzt waren, und daß er in einem zwischen dem Befreyer von Athen Thrasybulus und den dreyßigen ohnweit Fylä zum Nachtheil der letztern vorgefallenen Gefechte das Leben verlohren. S. Xenofons Hellen. Geschichten B. II. T. 4. §. 12. wo aus den Worten des Geschichtschreibers wenigstens soviel zu erhellen scheint, daß Charmides auf der Seite der Dreyßig gefochten habe. Wenn dieser Umstand eben kein sehr vortheilhaftes Licht auf seinen Karakter wirft, so ließe sich doch (wenn hier der Ort dazu wäre) aus guten Gründen darthun, daß dies nicht hinlänglich sey, eine schlimme Meynung von seinen Grundsätzen und Gesinnungen gegen die Republik zu begründen. Wenigstens ist gewiß, daß in revolutionären und anarchischen Zeiten der rechtschaffenste Mann sich durch den Drang der Umstände genöthigt finden kann, auf die Seite einer Partey, deren Grundsätze und Handlungen er mißbilligt, zu treten, wär' es auch nur, weil er dadurch Gelegenheit erhält, zu verhindern daß nicht noch mehr Böses geschehe, und alles soviel ihm möglich ist, nach und nach wieder in den Weg der Ordnung und Gesetzmäßigkeit zu leiten. Daß hierauf nicht gehörig geachtet wird, ist schon öfters (wie man vor kurzem in Neapel gesehen hat) Ursache an einem höchst ungerechten und grausamen Verfahren gewesen. – Ob aber Charmides sich wirklich in diesem Falle befunden habe, läßt sich, aus Mangel an bestimmten Nachrichten von ihm, weder bejahen noch verneinen.

Über tredition

Eigenes Buch veröffentlichen

tredition wurde 2006 in Hamburg gegründet und hat seither mehrere tausend Buchtitel veröffentlicht. Autoren veröffentlichen in wenigen leichten Schritten gedruckte Bücher, e-Books und audio-Books. tredition hat das Ziel, die beste und fairste Veröffentlichungsmöglichkeit für Autoren zu bieten.

tredition wurde mit der Erkenntnis gegründet, dass nur etwa jedes 200. bei Verlagen eingereichte Manuskript veröffentlicht wird. Dabei hat jedes Buch seinen Markt, also seine Leser. tredition sorgt dafür, dass für jedes Buch die Leserschaft auch erreicht wird.

Im einzigartigen Literatur-Netzwerk von tredition bieten zahlreiche Literatur-Partner (das sind Lektoren, Übersetzer, Hörbuchsprecher und Illustratoren) ihre Dienstleistung an, um Manuskripte zu verbessern oder die Vielfalt zu erhöhen. Autoren vereinbaren direkt mit den Literatur-Partnern die Konditionen ihrer Zusammenarbeit und partizipieren gemeinsam am Erfolg des Buches.

Das gesamte Verlagsprogramm von tredition ist bei allen stationären Buchhandlungen und Online-Buchhändlern wie z. B. Amazon erhältlich. e-Books stehen bei den führenden Online-Portalen (z. B. iBookstore von Apple oder Kindle von Amazon) zum Verkauf.

Einfach leicht ein Buch veröffentlichen: **www.tredition.de**

Eigene Buchreihe oder eigenen Verlag gründen

Seit 2009 bietet tredition sein Verlagskonzept auch als sogenanntes "White-Label" an. Das bedeutet, dass andere Unternehmen, Institutionen und Personen risikofrei und unkompliziert selbst zum Herausgeber von Büchern und Buchreihen unter eigener Marke werden können. tredition übernimmt dabei das komplette Herstellungs- und Distributionsrisiko.

Zahlreiche Zeitschriften-, Zeitungs- und Buchverlage, Universitäten, Forschungseinrichtungen u.v.m. nutzen diese Dienstleistung von tredition, um unter eigener Marke ohne Risiko Bücher zu verlegen.

Alle Informationen im Internet: **www.tredition.de/fuer-verlage**

tredition wurde mit mehreren Innovationspreisen ausgezeichnet, u. a. mit dem Webfuture Award und dem Innovationspreis der Buch Digitale.

tredition ist Mitglied im Börsenverein des Deutschen Buchhandels.

Dieses Werk elektronisch lesen

Dieses Werk ist Teil der Gutenberg-DE Edition DVD. Diese enthält das komplette Archiv des Projekt Gutenberg-DE. Die DVD ist im Internet erhältlich auf **http://gutenbergshop.abc.de**